寝たきり老人になりたくないなら
ダイエットはおやめなさい

「筋肉減らし」が老いの原因だった

筑波大学大学院教授
久野譜也

飛鳥新社

寝たきり老人になりたくないならダイエットはおやめなさい　もくじ

第1章

「ダイエット好き」を待ち受ける悲惨な末路

第2章

ダイエット経験者が寝たきりにならないために必ずすべきこと

第3章

筋肉をつけながら自然にやせる3つの習慣

第4章

「筋肉量レコーディング」で一生涯スリムで健康をキープ

第5章

筋肉の力を引き出せばすべてがうまく回り始める！

はじめに

最初にみなさんに質問です。

みなさんは「食事制限だけに頼ったダイエット」をしたことがありますか？　つまり、「運動は何もしていないけど、毎日食べる量を少なくして、つらいのを耐えて我慢しながら○キロの体重を落とした」という減量をしたことがあるかどうか。経験がある人は手を挙《あ》げてください。

大学で何百人もの学生に講義をした際に、これと同じ質問をしたところ、**女子学生のほとんどが手を挙げました**。きっとみなさんのなかにも、多くの経験者がいることでしょう。なかには、過去何回にもわたってこうしたダイエットにチャレンジした方もいらっしゃるかもしれません。

しかし、私に言わせれば、こうした行為は健康的にも美容的にも「**いちばんやってはいけないこと**」。わざわざ〝太りやすい体〟〝老け込みやすい体〟をつくっているようなものですし、百害あって一利なしです。しかも、これにより体が受けるダメージは一生にわたって尾を引きます。

単刀直入に申し上げましょう。

食事制限のみに頼った無茶なダイエットは、「寝たきり」になるのを早めます。もしこうしたダイエットを何度も繰り返してきたのであれば、どんなに若かろうとも〝自分はもうすでに「寝たきり予備軍」になっている〟という自覚を持ったほうがいいでしょう。

たとえ、20代、30代、いや、ティーンエイジャーであろうとも、心当たりがあるなら「寝たきり予備軍」だと思ったほうがいい。〝ええっ、10代なのに、寝たきり!?信じられない〟という人もいるでしょうが、私は、ふざけているわけでもないし、冗談を言っているわけでもありません。

無茶なダイエットと引き替えに、わたしたちが失ってしまっているものがあります。

――「筋肉」です。

筋肉は、人間にとって「かけがえのない財産」です。

わたしたちが体を動かすことができているのも、美しさや若さ、健康を維持することができているのも、すべてはこの財産があるおかげ。しかしながら、食事制限だけに頼った無茶なダイエットを行なうと、筋肉という財産をごっそり減らしてしまうことになるのです。

みなさんすでに経験しているかもしれませんが、**食事量を減らすだけのダイエットは十中八九失敗します**。食事を切り詰めると、脂肪だけでなく筋肉も落ちてしまいます。筋肉が減ると代謝が落ちてやせなくなってきますから、ストレスをため込んで、結局食べてリバウンドしてしまうんですね。しかも、リバウンドすると、落ちた筋肉量はそのままで脂肪の量だけが増えるため、代謝が低下した分、以前よりも太りやすい体になっていってしまうわけです。

きっと、〝そんなこと、わざわざ説明されなくても知ってるよ〟という方も多いでしょう。でも、みなさんはこうしたダイエットの恐ろしさが本当に分かっているでしょうか。

後ほどくわしく説明しますが、「食事制限だけのダイエットを3か月続けると、寝たきりに行き着くのが5年早まる」ほどのダメージを体に与えてしまうことが、私たちの研究により分かっています。

つまり、ダイエットで筋肉量を減らしてしまうのは、自分で寝たきりを手招きしているようなものなのです。

一応お断りをしておくと、私は別に「ダイエットそのもの」を否定しているわけではありません。ダイエットは、健康を維持するための大切な手段のひとつ。肥満は生活習慣病を招く大きな原因であり、肥満を解消させるには、ダイエットという手段が欠かせません。ただし、そのダイエットには「**正しいダイエット**」と「**間違ったダイエット**」とがあります。

巷《ちまた》には多くの「間違ったダイエット」があふれていますが、とくに注意しなくてはならないのが「食事制限で体重を落とし、一緒に筋肉量を落としてしまうようなダイエット」だと私は考えています。つまり、私がこの本でみなさんに「おやめなさい」

と注意を喚起しているのは、こうした「筋肉量減少につながるダイエット」であって、別に「ダイエット全般」を指しているわけではないのです。

ところで、ここで私自身のことについて少し触れさせてください。

私は2014年の夏の終わりに『寝たきり老人になりたくないなら大腰筋《だいようきん》を鍛えなさい』（小社刊）という本を出版しました。

この前著では、筋肉をつけるかつけないかが健康寿命を大きく左右することをさまざまな角度から論じさせていただき、とても多くの方々の支持をいただきました。とりわけ私がうれしかったのは、寝たきりへの関心が大きいと思われるシニア世代だけでなく、若い世代のみなさんにも非常に多くの方々に読んでいただいている点です。この前著は、おかげさまで13万部突破のベストラーとなり、いまなお売れ続けています。

ただ、前著では「間違ったダイエットの危険性」について、ほんの少ししか述べられませんでした。

ダイエットというと、若い方々の専売特許のように思っている方もいますが、シニアの方々もかなりの熱意を傾けていらっしゃいます。私は、大学院で教鞭《きょうべん》をとるかたわら、「大学発ベンチャー企業」を立ち上げて、日本人を健康にするための多くのプロジェクトを推進しています。また、その一環として、シニア世代のための運動教室なども主宰しております。その運動教室に参加している方々に話を聞くと、「やせたい」「体のたるみをなんとかしたい」「若い頃の体のラインを取り戻したい」といった声が口々に上がってきます。

しかし、いかんせん、**「やせるには筋肉量をキープする必要がある」**という意識がまだまだ乏しいのが現状なのです。

後で改めて述べますが、筋肉量がだいぶ減ってきたシニア世代の方が**「食事制限だけに頼ったダイエット」なんか始めたら、それこそ〝命取り〟になりかねません。**しかも、多くの方が筋肉を落としてしまうことの「コトの重大性」に気づかないままダイエットを行なってしまっているのです。もし、このまま多くの人が間違ったダイエットを続けていたら、いずれ日本は「寝たきり老人だらけの国」になっていってしまうのではないでしょうか。

私は、こういった傾向に危機感を覚え、本書を書くことを決めたのです。

ともあれ、話を戻しましょう。では、健康にやせていくにはいったいどうすればいいのでしょうか。

それには、減量と同時に筋肉をつけて、「筋肉という財産」を減らさないようなダイエットを実行していかなくてはなりません。ところが、驚いたことに、そういう狙いを鮮明に打ち出したダイエット法は、これまでほとんどありませんでした。そこで、この本ではこれから、**「筋肉量を減らさない」という点に着目した「新しいダイエット法」を提案していこうと考えています。**

名づけて「**筋肉量レコーディング・メソッド**」。どういうものであるかは順を追って説明していきますが、この方法をとれば、筋肉量を維持しつつ健康にやせることができるうえ、老化や寝たきりのリスクを増大させてしまうこともありません。しかも、このダイエット法を続けていると、健康、美容、アンチエイジングなど、さまざまな面で、多くのプラスの恩恵がもたらされることになるのです。

先ほど、大学の講義の場で「このなかで食事制限に頼ったダイエットをしたことがある人はいますか」という質問を投げたら、ほとんどの女子学生が手を挙げたという話をしました。私はこうした際、ひとしきり「ダイエットで筋肉量を落としてしまうリスク」について講義をした後、もう一度学生たちに次のような質問をするようにしています。

「みなさん、これは、**一時的に輝きを放って、その後どんどん衰えていく道を行くか、それとも、一生涯にわたって平均的な輝きを放《す》てる道を行くか**という問題なのです。若いいまのうちだけパッと輝いて、あとはどうなっても構わないというのなら、食事制限だけのダイエットに手を出すのもいいでしょう。でも、人生は長いのです。中年になっても老年になっても美しく健康でいたいなら、運動をしながらコツコツ地道にやせていくほうがいい。さて、みなさんはどちらの道を選びますか。行きたいと思うほうに手を挙げてください」――と。すると、ほとんどの学生が「一生涯輝いていられる道」のほうを選ぶようになるのです。

さあ、みなさん、いまこそ「間違ったダイエット」と「正しいダイエット」をしっかり見極めるときです。

寝たきり老人になりたくないなら、「筋肉という財産」を維持しながらスリムになっていきましょう。筋肉というかけがえのない財産を守り、みなさんのかけがえのない人生をしっかり守っていきましょう。そして、どんなに歳をとってもキラキラと輝いている自分をつくっていこうではありませんか。

久野譜也

第1章

「ダイエット好き」を待ち受ける悲惨な末路

まずは「食べなければやせる」という考えを捨てなさい

「やせたいなら、食べなければいい」――みなさんはそんなふうに考えてはいないでしょうか。

もし、図星なのであれば、いますぐその考えを捨ててください。

そんな考えでダイエットなんかしていたら、命を縮めてしまいます。

たしかに、食べなければ体重は減るでしょう。食べる量を大幅に削ってみたり、1日3食を1食に減らしてみたり、数日にわたって断食してみたり……。そういう食行動によって体内に食べ物が入ってこなくなれば、しばらくの間は日に日に体重が落ちていくはずです。

しかし、このときに落ちる体重の多くは筋肉なのです。

筋肉は、体を支えたり動かしたりするだけでなく、体の活力エネルギーを生産したり、代謝をキープしたり、血行を促《うなが》したりと、じつにさまざまな役割を果たしています。筋肉がなければ、わたしたちは立つことも動くこともできません。筋肉がなければ、体に必要な力を生み出せなくなって、人間らしい生命活動ができなくなってしまうのです。

だから、「食べないダイエット」で筋肉を減らしてしまうのは、自分からかけがえのない財産を手放しているようなものと言っていいでしょう。

みなさん、筋肉の蓄えをお金に例えて考えてみてください。筋肉もお金も老後に絶対に必要になってきます。その「蓄え」がどれだけあるかが老後の人生を決定づけるといってもいいのです。

普通ならば、将来苦労をすることのないように、なるべく減らさないように努めるべきところですよね。ところが、「食べないダイエット」をすると、その蓄えを一挙にごっそりと減らしてしまうことになるわけです。

ですから、若いうちにダイエットで筋肉を減らしてしまうのは、「**老後に必要となるお金の蓄え**」**を自分から投げ捨てているようなもの。**それも、あとあとのことを考えれば絶対に捨ててはならない「価値のある財産」を自分からすすんで手放してしまっているようなものなのです。

つまり、ダイエットで筋肉を減らしてしまうことは、それくらい「とんでもなくおろかな行為」なのです。

劣化と老化の落とし穴にハマらないたったひとつの道

もし、筋肉という財産を減らしてしまったら、先々どんなことが起こるか。それが少しでも分かっているなら、食事制限だけのダイエットなど、恐ろしくてできなくなるはずなのです。

だって、筋肉量が減れば、代謝が落ちて太りやすくもなりますし、肌のハリや勢いが落ちて全体にたるんでもきます。美容面の劣化は、筋肉が落ちるとともに進んでいくといっていいのです。

また、健康面では日々疲れがたまりやすくなりますし、活力が落ちてあれやこれやの生活習慣病にもかかりやすくなります。腰痛やひざ痛にも悩まされやすくなりますし、冷えなどの不調も訴えるようになります。

それに、**いちばん大きな問題は、筋肉量減少とともにじわじわと運動機能が衰えてくることです**。歳を重ねるにつれ、転んだりつまずいたりしやすくなり、歩くスピードや安定度が落ちてきて、やがては普通の歩行にも支障をきたすようになって寝たきりへと進んでいってしまいます。

このように、健康や美容、運動機能の面で衰えがどんどん進んでいってしまうのが目に見えているのです。筋肉の蓄えが少ないと同世代の人と比べても衰えるのが早まりますから、当然周りから老けて見られてしまうことが多くなるでしょう。久しぶりに同窓会にでも出席すれば、周りの人から浮いて見えるくらい老け込んだのが目立ってしまうかもしれません。

それもこれも、みんな筋肉という財産を減らしてしまったせいなのです。「筋肉減らし」は劣化と老化を進ませる大もと。「食べないダイエット」をする人は、自分からボロボロに衰えゆく道を選んでいることになりますね。

ですからみなさん、「やせたいなら、食べなければいい」なんていう発想とは、この際きっぱりと決別してください。ちょっとでもそういう考えがあると、ついつい食事を減らしてしまうかもしれません。そうなったら、いつ劣化と老化の道に踏み込んで落とし穴にハマってもおかしくないのです。

でも、ここで終わってしまったら、〝食べる量を減らすのがダメなら、じゃあ、いったいどうやってやせろっていうの〟〝このままダイエットせずに太った体型でいろっていうの〟という文句も出てきそうですね。

では、どうすればいいのか。

それには、「**筋肉をつけながらやせていく道**」を選ぶしかないのです。

つまり、やせたいならば、食事を減らしたいならば、その前にちゃんと筋肉をつける運動をしなさいということ。筋肉量をキープしてさえいれば、劣化や老化が加速することもありませんし、多少食事を減らしたとしても大丈夫です。だから、「まずは筋肉量キープありき」という姿勢で、筋肉運動に励みながらダイエットをしていけばいいわけですね。

具体的にどういう方法をとるかは、これからゆっくりご説明していくとしましょう。

とにかく、ダイエットをするならば、「筋肉という財産だけは、絶対に手放さない」ということを前提条件にしていくべきなのです。その前提をないがしろにして、安易な感覚で食事制限ダイエットに手を出すと、ゆくゆく身を滅ぼす事態になると思っておいたほうがいいでしょう。

みなさん、まずはこのことをしっかり肝に据《す》えておいてください。

よほどの命知らずでないと「無謀なダイエット」などできないはず

「やせるだけなら、いつだってできるのよ。食べなけりゃいいんだから、5キロくらいすぐに落とせる自信はあるわ。でも、落とせはしてもその状態をキープすることができないのよね。いつもリバウンドしちゃうのよ……」

みなさんの周りに、こんなことを自慢げにうそぶいている人はいませんか？　もし、いたら、たとえケンカになってでも、ダイエットをするのを制止してあげるべきでしょう。それが〝人助け〟というものです。

なぜって、こうした姿勢でダイエットを繰り返すのは、命を粗末にしているようなものだから。本人は気づいていないのでしょうが、こういう無謀なダイエットは、自分で自分の命を縮めているのも同然なのです。

どうして無謀なダイエットが命を縮めることにつながるのか、ここではその理由をご説明しましょう。

筋肉量は加齢とともにじわじわと減っています。**20代にピークを迎え、30代以降は、1年に1％、10年に10％のペースで減っていくのです。**10年間で10％ですから、20代の筋肉量をレベル100とすれば、30代には10％減でレベル90となり、40代には20％減でレベル80となります。このペースで減っていくと、**70代には50％減となって、筋**

肉量が20代のときの半分になってしまうことになります。

さらに、それ以降、極端に筋肉量が減ってしまうと、立ったり歩いたりといった動作すら困難になってきます。「筋肉がどれだけ落ちると歩けなくなるのか」の量については まだ十分明らかにされていません。しかしながら、**「これ以上落ちると歩行が不可能になって寝たきりになってしまいますよ」というラインがあることは確かです。**つまり、何もせずに放っていれば、年々1％の筋肉減少のペースに合わせて、少しずつ着実に「寝たきりライン」へ近づいていくことになるわけです。

ちなみに、この加齢による筋肉減少のペースはどんな人でも変わりません。筋トレを行なって落ちた分の筋肉を補っていかないかぎり、みんな一緒のペースで落ちていくことになります。減少ペースをグラフにすれば、「落ち方の傾き」は誰でも同じになるわけですね。

ただし、「落ちる傾き」は一緒でも、「寝たきりライン」に到達する年齢はその人の筋肉量によって大きく違ってきます。

これは、高さの異なるすべり台を思い浮かべるとわかりやすいと思います。筋肉量の多い人は高いすべり台から、筋肉量の少ない人は低いすべり台から落ちていくとします。両方とも落ちる傾きは一緒です。でも、これだと、低いすべり台から落ちるほうが、すべっている時間が短い分、早く地面に着いてしまうことになりますよね。すなわち、筋肉量の少ない人のほうがより早く「寝たきりライン」に到達してしまうことになるわけです。

たとえば、次のグラフを見てください。Aのラインは筋肉量の多い人、Bのラインは筋肉量が普通の人だとしましょう。すべり台の高さはAの人よりもBの人のほうが低いため、より早く「寝たきりライン」に着いてしまうことになります。

ただし、このすべり台の高さは筋トレなどを行なって筋肉量を増やせば自分で高くすることができます。グラフで示したように、Bの人が40歳時点で筋トレをがんばって、Aの人と同じ量にまで筋肉を増やせたとすれば、Bの人はAの人と同じラインで落ちていくことになります。つまり、筋肉を増やした分だけ「寝たきりライン」到達を引き延ばすことができるわけですね。

一方、Bの人が40歳時点で無謀なダイエットに挑んで筋肉を大幅に減らしてしまっ

●筋肉量を維持できるかで「寝たきり」に到達する年齢はここまで変わる

Ⓐ 筋肉量が多い人
Ⓑ 筋肉量が普通の人
Ⓒ Ⓑの人が無謀なダイエットで筋肉量を減らしてしまった場合

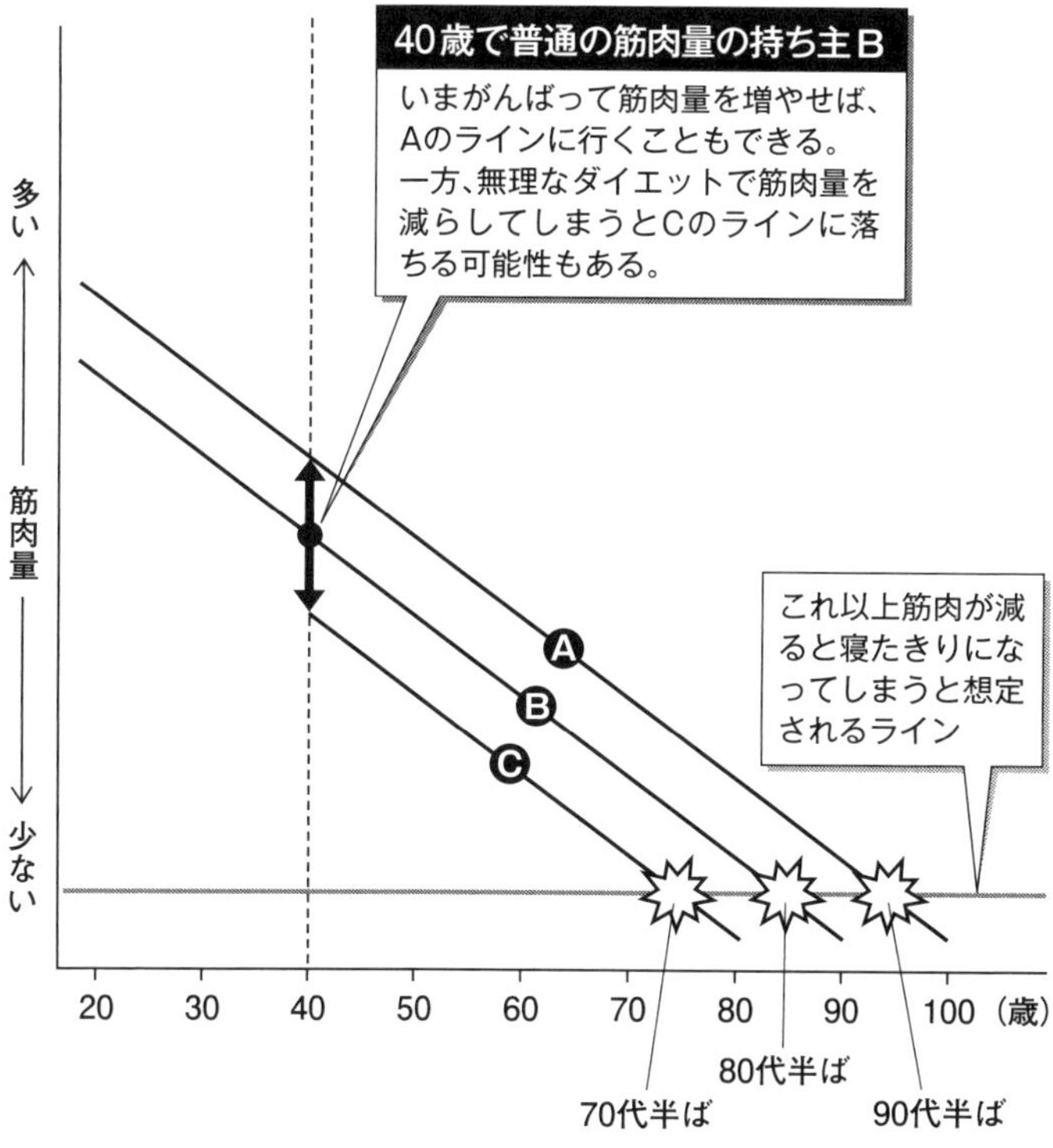

つくばウエルネスリサーチ

たとしたらどうなるでしょう。それを示したのがCのライン。Cのラインだとすべり台の高さがいっそう低くなって、「寝たきりライン」への到達がグッと早まってしまいますよね。無謀なダイエットをして筋肉を減らしてしまった分だけ、寝たきりを引き寄せてしまっているわけです。

これは要するに、**人間らしく「動ける期間」を短くしてしまったということ**。自分の人生において「命を輝かせて活動することのできる時間」を大幅に短縮してしまっているわけですから、まさに命を削って寿命を縮めているのも同然だと言っていいでしょう。

しかも、そのダメージは、とてつもなく大きなものなのです。

私たちの研究ではわずか3か月の「食事制限のみのダイエット」で、5%もの筋肉が減ってしまうことが分かっています。通常なら年1%ずつ減っていく筋肉が5%減るわけですから、5年分の量を一挙に減らしてしまったことになります。

そしてこれは、**「寝たきりライン」に到達するのを5歳早めているのと同じこと**。すべり台の高さを一気に引き下げて、通常よりも5年も動けなくなるのを早めているわけです。

みなさん、たった3か月のダイエットでこれなのです。もし、食事制限だけのダイエットを何回もやってしまっていたとしたら、どうなってしまうことでしょう。

その無謀な行為によってどれだけみなさんの命が削られてしまっているか……。

きっと、なかには想像しただけで空恐ろしくなってくる方もいらっしゃるのではないでしょうか。

筋肉は「命を守る最後の砦」のようなもの

これは私の個人的な考えですが、食事制限で筋肉が減るのは、体にとって一種の防御反応のようなものなのかもしれません。

「食べる」ということは人間をはじめとした動物にとって、生命を維持するために欠

かせない本能的行為です。その生命維持行為に「制限」をかけると、それを体は大きな危機と受け取るはず。〝食糧がこれ以上減ったら、もう生きていけなくなってしまうかも……〟といった異常警戒アラームが作動するのかもしれません。そして、その非常事態から体を防衛するために、筋肉を分解してたんぱく質を補充するシステムが働くようになっているのではないでしょうか。

きっと、筋肉は「**命を守る最後の砦《とりで》**」のような存在なのでしょう。食べられなくなったらもうオワリだから、体が筋肉という大切な城壁を切り崩してでもなんとか命を守り通そうとしているのです。言わば、「食べ物が少ししか入ってこない」という厳しい状況をなんとか生きながらえるために、仕方なく「身を削るという最後の手段」に出ているわけですね。

だから、「食べないダイエット」をすると、わたしたちの〝命の防御壁〟がどんどん崩されていくことになるのです。

そして、筋肉という〝命の防御壁〟が削られていくにつれ、わたしたちは着実に衰え、着実に動けなくなっていき、じわじわと寝たきりへと近づいていくことになるわけです。

いかがでしょう。このように考えると、「食べないダイエット」で筋肉を減らしてしまうことがいかに命を縮める恐ろしい行為であるかがわかってくるのではないかと思います。

きっと、こういうことがわかっていれば、よほどの命知らずでないかぎり、無茶な食事制限などできなくなるのではないでしょうか。

残念なことに、いまの日本では、女性を中心に「命知らずの人」「自分の命を自分で削っている人」がまだまだ大勢いらっしゃるのが現状です。

でも、こういった危険性を理屈として呑み込むことができれば、みんな無茶なダイエットを思いとどまることができるはずですし、ちゃんとやせていくには、筋肉量のキープが不可欠であることがわかるはずです。そうすれば、多くの人が「筋肉という財産」「筋肉という〝命の防御壁〟」を維持することの大切さに気づくようになっていくのではないでしょうか。

寝たきりになるのは女性のほうが圧倒的に多い理由

意外に知らない人が多いのですが、男性と女性とを比べると、**女性のほうが「より寝たきりになりやすい」傾向があります。**

厚生労働省の調査データによれば、平均の寝たきり期間は、女性が12〜16年、男性が7〜9年で、女性のほうがだいぶ長くなっています。いったいどうしてこんなに差があるのでしょう。

理由は大きく4つあります。順にご説明していきましょう。

ひとつめの理由は、**女性のほうが寿命が長いから**です。

現時点の日本人の平均寿命は、女性が86・61歳、男性が80・21歳。女性のほうが6歳以上長く生きることになっています。先ほども申し上げたように、筋肉量は加齢とともに年々着実に減っていきます。これは、長く生きれば生きるほど筋肉量が少なくなるということであり、それだけ寝たきりで過ごす時間が長くなる可能性が大きいということでもあるのです。

女性が男性よりも長生きするのは、女性ホルモンなどの生来的部分の影響が大きいとされています。ですから、残念ながら女性は、長生きしやすいために「寝たきりになりやすい運命」を生来的に背負ってしまっていることになります。

ふたつめの理由は、**女性の筋肉量がもともと男性よりも少ない**せいです。

前の項目で「すべり台」の例を挙げて、筋肉量が多いか少ないかで寝たきりになる時期が違ってくることを述べました。高いすべり台よりも低いすべり台のほうが「寝たきりライン」に早く到達してしまうわけですね。すなわち、女性の場合、筋肉の絶対量が少ないために、男性よりも低いすべり台から落ちて、より早く「寝たきりライン」に達してしまうのです。

とりわけ、子供の頃から体を動かすことが嫌いで、成長期に筋肉をあまり発達させてこなかった人は、すべり台の高さがもともと低く、より早く衰えてしまう傾向があります。

次の理由に移りましょう。

3つめは骨の問題です。みなさんよくご存じのように、**女性には骨密度が低い人が少なくありません**。とりわけ、閉経を過ぎると骨粗しょう症が進みやすくなり、骨がスカスカになって軽い衝撃を受けただけで折れてしまうようになります。

転んで足を折ってしまったり、よろけて手を着いたときに腕を折ってしまったり、なかには、くしゃみをした拍子に腰椎《ようつい》を骨折してしまったりするケースもあります。そして、こうした骨折アクシデントをきっかけにしてベッドを離れられなくなり、寝たきりになってしまう人がとても多いわけです。

ところで、みなさんはこうした骨密度の低下にも筋肉量が影響しているのをご存じでしょうか。

そもそも骨密度は、20歳頃をピークとしてその後は右肩下がりで減り続けていくものです。筋肉量は年をとってからでも増やすことができますが、残念ながら骨量《こつりょう》は増やせません。若いうちに蓄えたストックが年をとるにしたがってじわじわと減っていってしまうわけです。

ただし、**増やすことはできなくとも、減り方をゆるやかにすることはできます。**そして、そのためにもっとも有効なのが運動なのです。運動によって骨に対して負荷ストレスをかけると、それを何とか耐え支えようとするシステムが働いて、骨がしっかりしてくるんですね。

で、運動のなかでもとくにおすすめなのが筋トレ。筋肉は必ず骨に付着しているので、筋トレを行なうとさかんに骨が刺激されます。しかも、筋肉はトレーニングをすればするほど増えるため、**筋トレを習慣的に行なっていれば、筋肉が増えるとともに骨に対する刺激も増してきます。これによって、骨がもろくなるのを遅らせることができる**わけです。

ですから、骨がもろくなりやすい女性は、「骨密度低下→骨折→寝たきり」というパターンになるのを防ぐためにも、男性よりもがんばって筋トレに励む必要があるということになります。

では、4つめの理由です。

女性が寝たきりになりやすい最後の理由は、本書のテーマ。すなわち、「**無謀なダ**

イエット」のせいです。

若いうちから無謀なダイエットを行なって筋肉を減らしてしまっている女性は、ちょっと驚きあきれてしまうほどたくさんいらっしゃいます。ここまで見てきたように、女性はただでさえ寝たきりになりやすいハンデをいくつも抱えているのです。そのうえ無茶なダイエットを行なって筋肉をごっそり減らしてしまったら、いったいどうなってしまうことでしょう。

もともと低かった「筋肉量のすべり台」がまた一段と低くなって、「寝たきりライン」到着が早まるのが目に見えていますよね。

この筋量低下は、女性の身にとって致命的なダメージ。ダイエットで筋肉量を落としてしまったツケがゆくゆくその女性の老後の人生に重くのしかかってくるのです。

前にも述べましたが、私は、**筋肉量を落とすようなダイエットを一度でも経験したことがある女性は、「寝たきり予備軍」**という自覚を持ったほうがいいと思います。女性のみなさん、人生はまだまだ先が長いのです。先々の人生を悲惨なものにしたくないなら、これからは身を滅ぼすようなダイエットは絶対にやめるようにしましょう。

老化のスタートに負けない筋肉のエネルギーサイクルを回す

人間は筋肉から衰える――。

私はそう断言してもいいと思っています。

これは、運動機能の衰えだけを指しているのではありません。筋肉が衰えてくれば、もちろん足腰が弱ってきたり寝たきりになったりするわけですが、筋肉の衰えの影響は、それ以外にもさまざまな面に現われます。たとえば、健康の衰えも、美容の衰えも、筋肉からスタートすると言っていいでしょう。

そもそも、筋肉は「**体の活力エネルギーを生産している工場**」のような存在であり、健康や美容の調子がいいか悪いかには、この工場でつくられるエネルギー量が大きく関係してきます。

代謝が高いか低いかも、疲れにくいか疲れやすいかも、内臓の調子がいいか悪いか

も、太りにくいか太りやすいかも、肌の調子がいいか悪いかも、みんな筋肉という工場でつくられるエネルギー量によって決まってくると言っても過言ではありません。

筋肉という工場がたくさんあって、多くの工場でさかんにエネルギーが生産されていれば、いろいろな生理現象が調子よく回転して、健康や美容を高いレベルでキープすることにつながります。反対に、筋肉という工場が少なくなってきて、生産されるエネルギーが減ってくると、いろいろなことがうまく回らなくなって、健康や美容において不調やトラブルが増えてくることになるのです。

「30代・運動嫌い・ダイエット好き」そんな女性はこの先どう衰えるのか

筋肉という工場が減ってくると、具体的にどのような衰えが現われるのか。ここは典型的な例を挙げながら説明することにしましょう。

仮にここに「Aさんという、運動嫌いでダイエット好きの30代女性」がいたとします。Aさんは太っているというほどではありませんが、少しぽっちゃり体型。20代で何回か食事制限のみのダイエットにチャレンジし、いずれも失敗に終わった経験を持っています。運動はまったくしていません。では、これからの人生でAさんがどんな道を辿《たど》るのかを、ざっと追っていきましょう。

・30代のAさん
加齢で筋肉が落ち始めるのは、30代初めから半ばあたりが一般的です。筋肉減少が始まると、この時期、**「前より疲れやすくなった」「仕事の疲れが抜けにくくなった」**と感じるようになる場合が少なくありません。また、同時に、冷え、むくみ、肌荒れ、肩こりなどの不調が現われてくることもあります。

Aさんもそんなひとり。**ただ、不調は感じているもののまだ危機感はなく、〝どうせ、気のせいよ〟というくらいに思っています。**それよりもいまいちばん気になっているのは、この頃体重が増えてきたこと。心なしか、20代のときよりも、太りやすくなってきた気がするのです。Aさんは、食事を減らすダイエットを試みましたが、体重は思うように減ってくれず、結局リバウンド。結果的にダイエット前よりも体重が増えてしまいました。

・40代のAさん

中年期、筋肉量の減少は着実に進行しています。そして、40歳を過ぎたあたりから**「以前はなんとかごまかせていた不調」が、ごまかしがきかないほどに進んでくるようになります。**たとえば、肌のハリや質感がなくなってきて、全体にたるみやすくなってきます。

また、あごや二の腕、おなか、お尻など、気になる部分に脂肪がつくようになり、体型も全体的に崩れてきます。さらに、30代のときよりもいっそう疲れを感じるようになり、冷えや肩こり、だるさなどの症状も、もう見過ごすことができないくらい悪化してきます。

当然、Aさんの身にも、こうした劣化の波が押し寄せてきました。年々肌はたるんでくるし、どんどん太ってくるし、なんだか自分がかなり〝**おばさん体型**〟に近づいてきてしまったような気がしています。「やせたい」「体型を戻したい」という気持ちはあるものの、ちょっとあきらめ加減になってきています。

・50代のAさん
50代になると、筋肉量減少とともに代謝の低下が進み、体があちこちでトラブルを訴えるようになってきます。しかも、**もう「不調」どころではなく、あきらかな「病気」に見舞われるようになるのです。**

糖尿病や高血圧などのメタボ系の病気のほか、脳卒中や心筋梗塞《しんきんこうそく》などの命に関わる大病に襲われることもあります。また、体力がめっきり落ちたと感じるようになるのもこの時期。老化も着々と進んでいて、肌にはしわが増え、腰痛やひざ痛などにも悩まされるようになり、運動機能もじわじわと落ちてくることになります。

Aさんも50代半ばで糖尿病の診断を受けてしまいました。太り過ぎも指摘されていて、腰やひざも痛むように……。医師からはウォーキングを勧められているのですが、根っからの運動嫌いのため、なかなか重い腰が上がりません。運動不足のせいか、**このところ歩くスピードが落ち、つまずいたり転んだりすることが増えてきたような気がしています。**

・60代のAさん

60歳は要注意の時期です。会社に勤めている人の場合、60歳で定年すると一気に生活活動量が減って、筋肉量を落としてしまうことが少なくありません。また、たとえ「定年」という変化がなくても、**60歳を超えると筋量低下がかなり進んでくるので、体力低下や運動機能の低下が一段と目立ってくるようになります。**もちろん、病気や不調とも縁が切れなくなってきます。

なお、この時期、肥満気味の人に筋量低下が進むと、「**サルコペニア肥満**」と呼ばれる病態が進行することが少なくありません。くわしくは次の章で説明しますが、筋肉が減ったところへ脂肪が蓄積していき、筋肉と脂肪との比率が逆転してしまうような状態になっていくのです。このサルコペニア肥満になると非常に疾病《しっぺい》リスクが高くなるため、**メタボよりも恐ろしい病態とされています。**

Aさんの場合も、これまでの経緯からすると、サルコペニア肥満に該当するのは間違いないでしょう。

しかし、本人はそのことに気づいていません。糖尿病や腰痛、ひざ痛に加え、医師からは骨粗しょう症も指摘されています。すでに容貌はすっかり「おばあさん」。最近はあちこち痛いし、ちょっと出歩いただけで疲れてしまうため、1日を家の中で過ごすことが多くなってきました。

・70代のAさん

運動習慣がない人の場合、70代になると筋量低下がグッと加速してしまうことになります。**筋肉量は20代のときの半分程度にまで減少。**サルコペニアやサルコペニア肥満になる人も多く、歩行などの運動機能に見た目にも明らかな衰えが現われてくるようになります。なかでも多いのは、足を十分に上げることができず、ちょこちょこと足を出して「**〝すり足〟をするような歩き方**」になってくるパターンです。この歩き方はたいへん転びやすく、転倒して骨折してしまい、そのままベッドから離れられなくなるケースが後を絶ちません。また、筋量がここまで落ちてしまうと、体力や免疫力も大きく低下するため、病気に罹患《りかん》しやすくなり、そのダメージが大きく後を引くようになっていきます。

70歳を過ぎたある日、Aさんは玄関先で足をすべらせて転んでしまい、大腿骨《だいたいこつ》を骨折してしまいました。以来、寝て過ごすことが多くなりました。〝もっとがんばらなきゃ〟とは思うものの、体が言うことを聞いてくれず、最近は上体を起こして座ったり寝返りを打ったりするのもやっとの思いなのです。同世代の人には、まだ元気に活動している人がたくさんいます。

なのに、〝いったいどうしてわたしはこんなに早く衰えてしまったんだろう〟と部屋の窓から空を見つめる日々を送っています。

何歳になっても美容と健康は筋肉からよみがえる

みなさん、いかがでしょう。Aさんは、どうして年ごとにみるみる老けていってしまったのか。どうして同世代の人に比べて早く衰えていってしまったのか。

それは、若いうちから筋肉量を落としてしまったせいなのです。Aさんは運動をすることもなく、食べないダイエットを繰り返してきたために、もともと他の人よりもだいぶ筋肉量が少ない状態でした。

しかも、筋肉量が低下し始めた中年以降も運動をしたり筋肉をつけたりすることなく、それまでの生活習慣を変えようとしませんでした。そのために、筋肉量の減少に合わせて美容や健康、運動機能のグレードをどんどん落としていってしまったわけです。

もちろんみなさんは、こんなふうにみすみす衰えていきたくはないですよね。

では、いったいどうすればいいのか。

いったんこういう流れに乗ってしまったら、もう衰えを止めたり、衰えを緩やかにしたり、若返ったりすることはできないのでしょうか。

いいえ、大丈夫。**これからでも十分に挽回することができます。**

筋トレをはじめとした運動を行なって、しっかり筋肉をつけるようにしていけばいいのです。

人間は筋肉から衰えゆく生き物ですが、筋肉からよみがえる生き物でもあります。

筋肉さえしっかりキープしていれば、健康も美容も運動機能もかなりの長期間良好なコンディションを維持していくことが可能なのです。

ですから、みなさんはAさんと同じ流れを辿ってはいけません。ぜひ運動を習慣づけて筋肉をつけ、衰えゆく流れを変えていくようにしてください。そして、いつまでも若さと輝きを失わないようにシフトしていきましょう。

劣化や老化が進むかどうかは30代、40代が大きな分かれ道

前の項目でも述べたように、「筋肉減らし」は劣化や老化を加速させる大きな原因となります。

決して脅《おど》かすわけではありませんが、30代以降じわじわと進む筋肉減少に対して何の対策も講じずにいれば、みなさんも例に取り上げたAさんと同じような道を辿っていってしまう可能性が大きいと言えます。

ですから、そうなりたくないのであれば、できるかぎり早く意識を変え、生活を変えて、筋トレなどの運動を習慣づけていく必要があるのです。

なかでも私は、**30代、40代の時点で運動習慣をつけられるかどうかが大きなポイントになると考えています。**

どうして30代、40代がターニング・ポイントになるのか。それは、この時期、基礎

代謝がガクンと落ちるからです。Aさんの例でも挙げたように、30代以降筋肉量が減ってくると、疲れやすくなってきたり、太りやすくなってきたり、肌の調子が落ちてきたりといったもろもろの不調が目立ってくるようになります。

じつは、これらはみな、基礎代謝が低下したために現われる症状なのです。

そもそも基礎代謝というのは「**何もしていなくても体が勝手に消費するエネルギー代謝**」のこと。先に筋肉のことを「エネルギーを生産する工場」に例えましたが、30歳を過ぎて筋肉という工場の数が減ってくると、体内で扱えるエネルギーの規模が全体に少なくなってきます。それとともに、基礎代謝がてきめんに落ち込んでくるようになるのです。

基礎代謝低下によるもっともわかりやすい変化は、太りやすくなることでしょう。30代、40代になって「近頃太りやすくなった」「少し食べただけで体重が増える」「いままでと同じ量しか食べてないのに太るようになった」と感じるのは、**まさしく基礎代謝が落ちたという証拠。**

基礎代謝が落ちると「勝手に消費されるエネルギー」が減りますから、たとえ以前と同じ量しか食べていなくても、代謝が落ちた分だけ太ってしまうことになるわけですね。

また、疲れやすくなるのも基礎代謝が低下したせい。基礎代謝が低下して体内で扱えるエネルギーの規模が縮小すると、体が出せる馬力が落ちてきます。これは車の排気量が落ちたようなもの。

たとえば、以前は5000ccあった排気量が3000ccに落ちてきたとしましょう。そうすると、以前はラクにできていた仕事をだんだんすんなりと済ませることができなくなってきます。

それにもかかわらず、以前と同じ仕事をこなしていれば、当然疲れるようになってきますよね。ですから、加齢とともに筋肉量が減り、基礎代謝が減っていくにつれ、次第に疲れを感じるようになってしまうわけです。

肌のハリがなくなるのは詰まっていたはずの体の中身が減ったから

さらに、肌のハリがなくなって、たるみやシワ、くすみなどのスキントラブルが増えてくるのにも、基礎代謝低下がからんでいます。

筋肉という工場が減って生産される活力エネルギーの規模縮小が進んでくれば、肌細胞の活力も落ちて、ターンオーバーと呼ばれる新陳代謝《しんちんたいしゃ》が滞るようになってきます。これにより、肌全体に〝勢い〟がなくなってくるのです。きっと、〝そう言えば、30代半ばくらいから、勢いがなくなってきた……〟と思い当たる方も多いのではないでしょうか。

それに、筋肉の量が減るということは、「**詰まっていたはずの体の中身が減る**」ことを意味しています。中身が減ってくれば、ハリがなくなってくるのも当然ですし、減った分だけたるんだりシワが寄ってきたりするのも当然のことなのです。肌の劣化・老化には、紫外線や女性ホルモンなど、多くのファクターが影響していますが、私はそのなかでも「筋肉量減少&基礎代謝低下」という要因がいちばん大きな影響を与えているのではないかと見ています。

ともあれ、30代、40代に筋肉量減少によって基礎代謝が落ちてくると、このような不調の波がどっと押し寄せてくることになるのです。

こうした不調をちょっとでも自覚するようになったら、すでに筋量低下が進行している証拠。しかも、もう〝待ったなし〟というくらいまで状況が進んできていると受け取ったほうがいいでしょう。

だからこの時期、できるだけ筋量低下や基礎代謝低下が進んでしまわないうちに筋トレなどの運動を始めるべきなのです。

30代、40代だと「まだまだ若い」という気持ちでいる方が多いせいか、これまで述べたような不調や衰えを感じていても、現実から目を逸《そ》らしてしまう人が少なくありません。〝気のせいだろう〟とか〝そのうち回復するだろう〟とか、自分に都合のいい解釈をして問題を棚上げしてしまうんですね。

でも、劣化・老化はもう着々と進行していて、いまこの時点で手を打っておかないとどんどん衰えが加速していくことになってしまうのです。ですからみなさん、もろもろの不調から目を背けることなく、筋肉量低下という問題と向き合っていくようにしてください。

とにかく、ここで「筋肉の大切さ」に気づけるかどうか、ここで筋トレなどの運動習慣を身につけられるかどうかが大きな転換点になるのです。このまますみす劣化や老化を進ませてしまうか、それとも若さや健康をキープしていけるようになるか、**30代、40代はその大切な分かれ道になると思ってください。**

この分かれ道、一方の道は寝たきりに通じ、一方の道は健康長寿に通じています。ここでどういう対応をとるかで、人生の明暗が分かれると言ってもいいでしょう。

ぜひみなさん、筋肉を味方につけて、健康長寿へとつながる明るい道を歩いていくようにしてください。

50代、60代での「食べないダイエット」は“命取り”になりかねない！

「はじめに」でもちょっと触れましたが、シニア世代にもダイエットに関心を持っている方はたくさんいらっしゃいます。シニア世代を対象にしたあるアンケート調査では、全体の4分の1の人が「ダイエット中である」と答えたそうです。また、「興味はあるが何もしていない」「ダイエットをしたがうまくいかなかった」と答えた人を含めると、全体の4分の3に上ったといいます。

ただ、問題なのはどんなダイエットをしているか。この年齢でもし「間違ったダイエット」でもしようものなら、確実に命を縮めることへつながってしまうと思ったほうがいいでしょう。

38ページのAさんの例でも挙げたように、**50代、60代は、筋肉量の低下が病気や体力低下などのトラブルとして現われてくる時期です。**30代、40代のうちは不調を感じていても、「どうせ気のせい」などと言って問題を棚上げすることができていた。ところが、50代、60代となると、厄介なトラブルに次々に見舞われるようになってきて、否応なしに自分の健康問題と向き合わざるを得なくなってくるわけです。

もし筋肉量低下に対する手立てを何もとらずにいれば、その人はどんどん坂道を転げ落ちていくばかり。この時期に筋肉の大切さに気づいて対策をとるかどうかで、踏みとどまれるか転げ落ちていくかが決まってくるわけです。

ところが、こんな大切な時期なのにもかかわらず、平気な顔で「食事制限だけのダイエット」をする人が少なくないのです。すでに筋肉量低下によるトラブルがあちこちに現われているのに、ごっそりと筋肉を失うような無謀な行動に出たら、いったいどんな事態になるでしょう。

体力低下や運動機能低下がいっそう進むのはもちろん、病気や老化の症状が一段と勢いづいてくることが目に見えています。きっと、坂道の勾配《こうばい》が一気にガクンと急になったかのように、転げ落ちていくスピードがアップしてしまうのではないでしょうか。

健康にいいはずの粗食ダイエットが現代型栄養失調をひきおこすとき

しかも、**シニア世代の「間違ったダイエット」は、当のご本人は〝健康にいいことをしているつもり〟であり、ある意味、よけい始末が悪いケースが少なくないのです。**

たとえば、みなさんの周りには「歳をとったら粗食にしたほうがいい」とか「歳をとったら肉は控えたほうがいい」とかといった間違った情報を信じ込んでいる人がいませんか？　もし、そういう人が運動もろくにしないまま、「一汁一菜ダイエット」「粗食ダイエット」「肉断ちダイエット」などを始めたなら、それはもうかなり危険な状況だと思ったほうがいいでしょう。

なぜなら、粗食を続けていたり肉を食べていなかったりすると、たんぱく質が欠乏してしまうことになるから。みなさんご存じのように、**たんぱく質は筋肉をつくる原料であり、絶対に不足させてしまってはいけません。**前述したように、十分なたんぱく質が入ってこなくなると、体は筋肉を分解して必要なたんぱく質を補おうとします。だから、粗食や肉断ちをしていると、ただでさえ少なくなってきた筋肉量が輪をかけて減ってしまうことになるわけです。

それに、筋肉量だけではなく、栄養面でも問題が出てきます。じつは近年、健康診断などで「低栄養」と診断される高齢者が多くなってきており、「**現代型栄養失調**」と呼ばれているのです。**もちろん、栄養失調はたんぱく質不足のせい**。低栄養かどうかは、血液中のアルブミンというたんぱく成分が指標となっているのですが、普段から粗食や肉断ちの食事をしていると、アルブミンの値が基準を下回ってしまうことになるわけです。

ちなみに、**このアルブミンは、寿命と関係が深いことが知られていて**、「**長生きする人はアルブミンの値が高い**」「**要介護の人にはアルブミンの低下が見られる**」といった多くの研究報告があります。

ですから、「歳をとったら粗食にすべき」「歳をとったら肉は食べるべきじゃない」なんてことを真に受けてダイエットを実践している人は、自分では〝健康にいいことをしているつもり〟でいたとしても、残念ながらまったく逆の結果を招いてしまっていることになります。

残り少ない筋肉が削られたうえに栄養失調のダブルパンチとなれば、体にとっては大ダメージ。そのダメージは、その人の生命エネルギーを大幅に縮小させることになってしまうでしょう。

とにかく、50代、60代以降の間違ったダイエットは、本当に命取りになりかねない危険をはらんでいるのです。寝たきりになるのを早めたり、病気や老化を進行させたりするどころではなく、坂道を一気に転げ落ちたあげく、あっさりと命を終えることにつながりかねない……。

みなさん、こうした「コトの重大さ」をしっかり胸にとどめ、くれぐれも「間違ったダイエット」には手を出さないようにしていきましょう。

「○○だけでやせる」ダイエットとはいい加減に縁を切ろう

世の中にはいろんなダイエット法があります。なかには「こんなことをやったら、体を壊しちゃうよ」というものも少なくありません。

とりわけみなさんに警戒していただきたいのが、「単品ダイエット」です。すなわち、「○○だけでやせる！」「○○を食べるだけでスリムになる！」といったフレーズを売り文句にしたダイエット。りんごダイエット、バナナダイエット、こんにゃくダイエット、野菜スープダイエット……これまでにも、いろんな単品ダイエットが出現しては消えていきましたよね。

どうして単品ダイエットがいけないのか。栄養バランスが悪いのはもちろんなのですが、いちばんの理由は、無理な食事制限と同様に筋肉を落としてしまうからです。

ずっと同じ食品しか摂取していないと、体がたんぱく質不足に陥《おちい》りますから、筋肉を

分解して必要なたんぱく質を補充するメカニズムが働きます。

これにより、筋肉量が減り、自動的に基礎代謝も落ち込んでしまうのです。基礎代謝が落ちれば、体重計の目盛りも動かなくなりますから、遅かれ早かれリバウンドして以前よりも脂肪がついてしまう結果となります。

つまり、筋肉量をどっと減らして、前よりも太るハメに……。ここまでお読みいただいたみなさんはもう十分お分かりですね。そう、劣化や老化の勢いを早め、足腰の衰えを早め、寝たきりになるのを早めてしまうことになるのです。

「それだけで怪しい」食品を見抜くダイエット・リテラシーを磨こう

それに〝何かひとつだけ〟でうまくいくという姿勢が大いにモンダイです。

そもそも、この世には「何かひとつを摂ればすべての問題が解決する」というような食べ物はありません。

わたしたち人間は、数えきれないほどの栄養素や酵素などを複雑に絡み合わせ、時に結合させたり時に分解したりして利用しながら、日々の生命活動を営んでいます。**ひとつの食べ物をちょっと多めに摂り入れたくらいでは、到底、人の体内状況を変えることはできないのです。**

そしてこれは、ダイエットだけでなく、すべての健康法に言えること。運動もそうですが、ダイエット商品にしても、健康食品やサプリメントにしても、「これ〝だけ〟でやせる」「これ〝さえ〟やれば健康になる」というような万能のウルトラCなんて存在しないのです。

ですから、そういう商品の宣伝文のキャッチコピーで〝だけ〟とか〝さえ〟などの文言が付いているものを見つけたなら、もう「それだけで怪しい」と思っておいたほうがいいでしょう。

とにかく、間違った情報や非科学的な情報にまんまと乗せられて、健康を壊してしまってはいけません。

わたしたち日本人は、そろそろダイエットに関する「リテラシー」を確立すべきときに来ているのではないでしょうか。

最近いろんな分野で使われるようになってきましたが、「リテラシー」というのは、情報をかしこく取捨選択し、正しいものを取り入れたり活用したりしていく力のこと。あふれるような数多くの情報を扱っていくうえでの「理解力」「知恵」「教養」といってもいいでしょう。

もしかしたら、そういう「**ダイエット・リテラシー**」があるかどうかで、ゆくゆく健康長寿の人生を送るか、寝たきりの人生を送るかの差がついてしまうかもしれないのです。

何が正しくて何が正しくないのか、それを判断するのはみなさんです。ぜひみなさん、先々後悔することのないように、科学的な眼を持って情報に接し、正しい判断を下すようにしてください。

正しい食事制限、間違った食事制限

ここまで「筋肉」を窓口にしながら、食事制限のダイエットに潜む危険性を見てきました。

みなさんは、どのように感じましたか？

きっと、〝間違ったダイエットをしちゃいけないってことは知ってたけど、まさかここまで重大な影響があるとは思わなかった〟という方もいらっしゃることでしょう。

あるいは、**〝このことをもっと早く知っていれば、食べないダイエットなんか絶対にやらなかったのに……〟と後悔している方もいらっしゃるかもしれません。**受け止め方は人それぞれだと思います。

ただ、ここでひとつお断りしておくと、私はあくまで「筋肉を減らしてしまうような食事制限」に対して警鐘を鳴らしているのです。「食事制限」のすべてがいけないと申し上げているわけではありません。

むしろ、やせたいならば、「ある程度食事の量を減らすこと」は、避けて通れない道だと言っていいでしょう。

ダイエットというのは、基本的には「イン」と「アウト」の問題です。すなわち、体に入ってくる摂取カロリー（イン）をいかに少なくして、体から出ていく消費カロリー（アウト）をいかに多くするかということ。

「イン」を少なくするには、日々の食事を工夫して入ってくるカロリーの量を減らしていくしかありません。

また、体を動かして「アウト」を増やすことも大切ですが、運動だけで落とせるカロリーはたかが知れています。

30分間ランニングをしたとしても、減らせる消費カロリーは、せいぜいおにぎり1個分程度。「イン」と「アウト」の効率を考えたら、食事を減らすことをせずに運動だけでやせるのはたいへんです。

だから、ダイエットでちゃんと結果を出したいのなら、**運動と同時に適切な食事制**

限を行なって「イン」を抑えていく姿勢が必要不可欠となるのです。

実際、食事制限を治療に積極的に導入している医療機関も少なくありません。糖尿病治療や肥満治療に食事制限ダイエットを取り入れているところもありますし、断食道場などを行なっている医療機関もあります。

そういう医療機関では、食事や行動のメニューを徹底的に管理して患者さんの体重を落とすことに主眼を置いていることが多いようです。とくに、100キロを超えるような超肥満の患者さんの場合、まずはありあまる量の脂肪を落とさなくてはならないので、医師の管理下のもと一定期間食事制限をして少食や断食の生活を送ることが有効な治療となるのです。

ただし――

どういう場合であれ、筋肉を落としてしまってはいけません。

食事を減らすのは構いませんが、減らすのであれば、ちゃんと筋肉が減らないような態勢を整えておかなくてはならないのです。

要するに、「別に食事制限をやってもいいけど、やるならば、筋トレなどの運動を行なってちゃんと筋肉を補っておいてくださいよ」ということ。あくまで「筋肉を減らさないこと」を最優先にして考えていくべきなんですね。

ぜひみなさん、この部分の「優先順位」を間違えないようにしてください。とにかくにも、いちばん大事なのは「筋肉という財産」をしっかり守ること。財産をキープできる態勢が十分に整っていて、そこではじめて食事制限をするライセンスが得られるというくらいに考えるといいでしょう。

ダイエットの鉄則は「筋肉が第一、食事は二の次」

私は、**たとえ医療機関が主導している食事制限ダイエットであっても、「筋肉量をキープする」という観点が抜け落ちているような場合は、そのダイエットに飛びつかないほうがいい**と思います。

現に、食事指導オンリーで、筋肉のことなど少しも考えていないようなプログラムを組んでいるところも少なくないのです。こうした医療機関では、体重を減らすことにばかり目を向けていて、筋肉量がどう変化しているかなど調べてもいません。もちろん一定期間食事を減らせばやせるでしょうが、**筋肉量が落ちれば後になってリバウンドするのは確実です。**もし、こういった食事制限プログラムを利用するならば、その機関が筋肉量維持に対してどんな対策をとっているか、十分に調べてからにしたほうがいいでしょう。

ともあれ、ことダイエットに関しては、医療現場においても「食事を減らすこと」ばかりが偏重《へんちょう》されて、「筋肉量キープ」がなおざりにされてきた傾向があるのです。食事指導で体重を減らすことにばかり熱心になっていて、筋肉の存在なんてほとんど忘れられていたも同然なんですね。

しかし、いいかげん、筋肉にスポットを当てていかなくてはダメなのです。これからは「**筋肉が第一、食事を減らすのは二の次**」という優先順位でダイエットを考えていかなくてはならないのです。

みなさんも、ダイエットに対する考え方を根本的に変えてください。筋肉を度外視したダイエットなんて成立しません。いや、成立させてしまってはいけないのです。

筋肉を度外視したまま食事を減らしたりしたら、劣化と老化を早めて寿命を縮めるだけ。だから、常に筋肉を第一に考えて、筋肉トレーニングをしながらダイエットを行なう習慣をつけていかなくてはならないのです。

やせながら寝たきりを遠ざける「3つのトライアングル」

もっとも、筋トレそのものには、それほど「やせる効果」があるわけではありません。筋トレは筋量をつけて基礎代謝をキープしたり引き上げたりするのにはたいへん有効ですが、脂肪燃焼効果はさほど期待できないのです。

脂肪燃焼効果が期待できるのは、ウォーキングをはじめとした有酸素運動です。ですから、筋肉量を落とさずに、脂肪を効率的に燃やしてやせていきたいのであれば、筋トレとウォーキング（有酸素運動）の両方を習慣づけたうえで適切な食事制限をしていくのがもっとも望ましいということになります。

①筋トレ
②ウォーキング（有酸素運動）
③適切な食事制限

私は、健康なダイエットは、この3つがそろうことによってはじめて可能になると考えています。

この3つのトライアングルを維持しながらダイエットをしていけば、筋量を落としてしまうこともありませんし、むやみに劣化や老化を進行させてしまうこともありません。もちろん、寝たきりになるのを早めることもありません。そして、美容も健康も良好なコンディションをキープしながら、着実にやせていくことができるようになるでしょう。このトライアングルをいったいどうやってキープしていけばいいのか、その具体的な実践方法については、第3章以降で述べていきますので、いましばらくお待ちください。

さて、みなさんはこれまでの「間違ったダイエット」と決別して、正しい道に乗り換える準備ができたでしょうか。「筋肉量を落とさないこと」をベースにしてダイエットをしていく決意が固まったでしょうか。

とにかく、筋肉に目を向けなければ、ダイエットは始まりません。食事を減らすとどうしても筋肉量が減ってしまう。でも、食事制限なしにやせるのは難しい――この板挟みの状況を打開するには、筋トレをして筋肉が落ちる量を食い止めながらやせていくしか道はありません。

さあ、みなさん、自信を持って正しい道を進んでいきましょう。そして、劣化や老化を進ませることもなく、寝たきりを早めることもなく、いつまでもスリムで美しい体のままで人生を歩いていこうではありませんか。

第2章

ダイエット経験者が寝たきりにならないために必ずすべきこと

病気と寝たきりのリスクが大幅アップ！サルコペニア肥満にご用心

「このなかで『サルコペニア肥満』という病気のことを知っている人は手を挙げてください」

たまに講演などに招かれた際、この質問をすると、だいたい全体の3分の1くらいの人の手が挙がります。5年ほど前はほとんど誰も知らなかったのですが、ここ2年くらいでだいぶ認知度が上がってきました。

みなさんはご存じだったでしょうか。

テレビや雑誌などでは、よく「メタボより怖い新型肥満」「外見だけではわからない中身肥満」といったコピーで紹介されています。みなさんのなかにもそういう番組や記事を見た方がいらっしゃるかもしれません。

じつは、このサルコペニア肥満、食事制限などのダイエットで筋肉量を落としてき

てしまった人がたいへん陥りやすい病態なのです。言わば、ダイエット好きの人がハマりやすい「落とし穴」のようなもの。もしかしたら、みなさんもいつの間にか気づかないうちに、この「〝新型肥満〟の落とし穴」に足を踏み入れてしまっているかもしれません。

この第2章では、サルコペニア肥満の特徴や危険性を解説しながら、「落とし穴」にハマらないようにするにはどうすればいいかを考えていくことにします。サルコペニア肥満については、前著『寝たきり老人になりたくないなら大腰筋を鍛えなさい』でも紹介しましたが、角度を変えて述べていきますので、前著をお読みいただいた方も復習のつもりで読んでみてください。

そもそも「サルコペニア」とは何なのか、説明しましょう。

これは、**ラテン語の「サルコ（＝筋肉）」と「ペニア（＝減少）」とが組み合わさった言葉で、筋肉が減ってしまう病態のことを表わしています。**先述のように、わたしたちの筋肉は30代以降、年1％、10年10％のペースで減っているのですが、60代、70代以降になると、この筋肉減少が一段と激しく進んでしまう傾向があります。すなわち、サルコペニアは、高齢になって筋肉減少が過度に進んでしまった状態を指しているわけです。

そして、この「サルコペニア」と「肥満」とが合体した病態が「サルコペニア肥満」なのです。

このふたつが合体するとどういうことになるか。

サルコペニアによって筋量が低下すれば、体力低下、運動機能の低下が進んで、「寝たきりになるリスク」が高まります。また、肥満によって体重が増えれば、心臓病、脳卒中、糖尿病、高血圧などの動脈硬化がらみの「生活習慣病になるリスク」が高まります。要するに、サルコペニア肥満になると、このふたつのリスクが合わさって、「**寝たきりにもなりやすいし、生活習慣病にもなりやすい**」という、とんでもなくリスキーな状態になってしまうのです。

なお、私たちの研究室では、40〜80代の男女約6000人のデータをもとにして、次のようなサルコペニア肥満の基準を出しています。

①筋肉量の割合が、男性で27・3%未満、女性で22・0%未満
②BMI［体格指数：体重（kg）÷身長（m）÷身長（m）］が25以上

この①と②の両方を併せ持つ人がサルコペニア肥満となるのです。私たちの研究調査では、サルコペニア肥満は男女とも60代から増え始め、70代になると約3割の方が該当するようになります。また、サルコペニア肥満になる人は、40代、50代の頃から肥満している人が目立ちます。つまり、もともと「肥満」という要素を持っていた人が60代、70代になって「サルコペニア」を進ませてしまい、ふたつを併せ持ってしまった結果、サルコペニア肥満になるというパターンが多いんですね。

みなさんのなかには〝よかった……わたしはまだ60代、70代じゃないから関係ないわ〟と胸をなでおろしている方がいらっしゃるかもしれません。

しかし、そういう方々も油断は禁物です。

40代、50代でもサルコペニア肥満に該当する人はいます。全体から見れば、ほんの2～3%なのですが、患者さんがいらっしゃるのです。通常、40代、50代であれば、

そこまで筋肉量が減ることはありません。私たち研究者からすれば、40代、50代でサルコペニア肥満に該当する人が「いる」ということ自体が驚き。〃いったい、何をしたらこの年齢でここまで筋肉量が減ってしまうんだろう〃と不思議になるくらいの値なのです。

ダイエット経験者は「サルコペニア肥満予備軍」の危険大

察しのいいみなさんは、もうお気づきのことでしょう。

そう、**40代、50代でサルコペニア肥満に該当してしまった方々のほとんどは、過去に無理なダイエットを重ねてきた経験の持ち主なのです。**食事制限をしてやせるたびに筋肉をごっそり減らしてしまい、いつもリバウンド……そういうことを重ねてきたために、通常では考えられないほど無残なまでに筋肉を落としてしまったというわけですね。

それに、サルコペニア肥満は、基準にひっかかった該当者だけが注意すればいいというものではありません。ある意味、**30代以降であれば、誰もが注意する必要がある**と言えるでしょう。

なぜなら、とっくに筋肉の減少は始まっているから。サルコペニアという判定は筋肉が一定量を下回らないと下されませんが、**「このままだと、いずれ確実にサルコペニア肥満になるだろう」というペースで筋肉量を減らしてしまっている人は数えきれないほどいらっしゃるのです。**

たとえば、いま現在、40代、50代で肥満気味であり、なおかつ筋トレなどの運動習慣がまったくない人は、そのまま60代、70代になったなら、ほぼ100%サルコペニア肥満に移行すると言っていいでしょう。

また、かつて食事制限ダイエットなどで筋肉量を減らしてしまった覚えのある人は、やはり高確率でサルコペニア肥満になると思っておいたほうがいいでしょう。

私はそういう方々を「**サルコペニア肥満予備軍**」と呼んでいます。

さて、みなさんはいかがでしょう。

おそらく、〝自分はサルコペニア肥満予備軍ではない〟と、胸を張って言える人は少ないのではないでしょうか。とにかく、もしサルコペニア肥満になってしまったら、病気にかかるリスクも、寝たきりになるリスクも一気にグンとアップしてしまうのです。その「落とし穴」にハマるのを防ぐには、いまのうちから筋トレを習慣づけ、筋肉をつけながらやせていくしかないのです。

無理なダイエットは見た目が普通でも中身を脂肪だらけにする

サルコペニア肥満では、一見そんなに太っているように見えないのにもかかわらず、ちゃんと調べてみたら〝まぎれもないクロだった〟ということが少なくありません。

つまり、あきらかな肥満の人だけでなく、「ちょっとぽっちゃりめ」「少しふくよか」「**見た目は普通」というくらい体型の人でもサルコペニア肥満の診断が下る可能性があるんですね。**

どうして、外見的にはそう太っているわけでもないのに「肥満」と診断されてしまうのか。

それは、「**中身」が脂肪だらけだから。**見た目は普通だったりほっそりしていたりしても、中身を調べてみたら、筋肉が少なくて、脂肪ばかりがパンパンに詰まっていたという状態が起こり得るのです。

そういう方には、筋肉量は以前よりかなり減っているのに、体重のほうは以前とたいして変わらないという人が少なくありません。

でもみなさん、そもそもおかしいと思いませんか？　普通ならば、筋肉量が減っていれば「筋肉が落ちた分だけ体重が減る」はずです。でも、どうして筋肉が落ちたのに体重が変わらないのでしょう。

それは、**筋肉が落ちた分だけ、脂肪が増えているからなのです。**

たとえ、年々筋肉量が減っていても、それと同等のペースで脂肪量が増えていれば、体重はたいして変化しません。筋肉の量が減って空いたスペースに、入れ替わるように脂肪が入り込んでくるから変わらないわけです。

しかし、〝体重はそんなに変わってないから〟と思って安心していると、年々筋肉が減り、年々脂肪が増えていくことになります。

そういう「筋肉と脂肪の〝交代劇〟」を何度も何度も繰り返していたらいったいどうなることでしょう。そのうち、「見た目はそんなに変わらないのに、中身を見たら筋肉が少なくて、ほとんど脂肪ばかりだった」ということになってしまいますよね。

そして、この「筋肉と脂肪の交代劇」をもっとも〝劇的に〟進ませてしまいやすいのが、無茶なダイエットなのです。

そう、食事制限のみに頼った無茶なダイエットをすると、ごっそりと筋肉が減って、その後リバウンドをすればどっと脂肪が入ってくることになります。「**体重減少**（**筋肉減少**）**→挫折→リバウンド**」というパターンを何度も繰り返していようものなら、そのたびごとに大量の〝入れ替わり〟が発生することになり、あげくの果てに「**中身が脂肪だらけ**」という状態になっていってしまうわけです。

なかには、筋肉の量と脂肪の量とが、本来あるべき割合とほとんど逆転してしまっているような方もいらっしゃいます。

みなさん、次のページの写真を見てください。

これらはいずれも、太ももをＭＲＩで撮影したもの。左側は「健康な20代女性」の写真で、右側は「サルコペニア肥満の60代女性」の写真です。

中央付近に丸く写っているのが大腿骨で、その周りに黒っぽく写っているのが筋肉。外側を取り巻いて白く写っているのが脂肪です。

このふたつの写真の筋肉と脂肪の割合の違い、すごいと思いませんか？　健康な女性の写真では筋肉がほとんどを占めているのに、サルコペニア肥満の女性の写真では、ほぼ半々くらい。ヘタしたら脂肪の量のほうが多いのではないかという割合になってしまっています。

これはもうかなり「病的な状態」であり、いつ怖い生活習慣病に陥ってもおかしくないし、寝たきりや要介護へどんどん進んでいってしまうのが目に見えているような状態だと言えます。

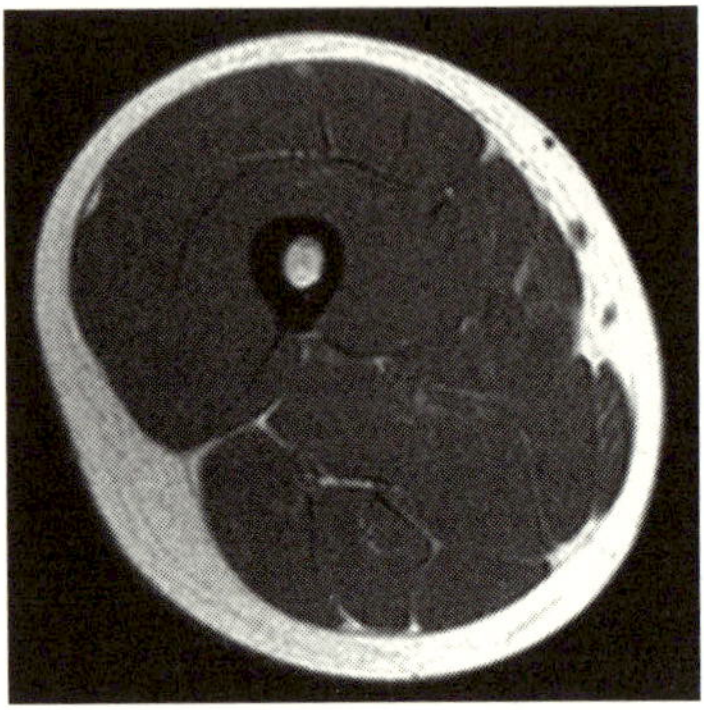

健康な20代女性

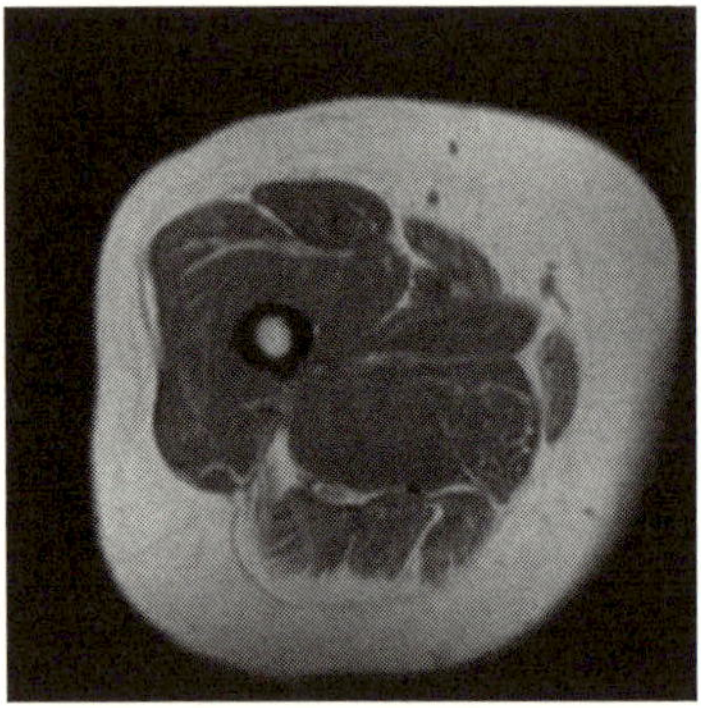

サルコペニア肥満の60代女性

つまり、肥満の人はもちろんですが、見た目は普通の人でも、中身がこういう状態になってしまっている可能性があるのです。

みなさん、怖いと思いませんか？ 外見はフツーなのに、中身はギトギトの脂だらけになっているなんて、ちょっと想像しただけで悲鳴を上げたくなる人もいるかもしれません。

とにかく、このサルコペニア肥満は、「見た目」ではなかなか判別がしにくいのです。では、いったいどうすれば「自分がサルコペニア肥満に該当するかどうか」を知ることができるのでしょう。**それには、ちゃんと筋肉量を測るしかないのです。**

寝たきりにならない必須アイテム「体組成計」

みなさんは自分で筋肉量を測ったことがありますか？　「体重はいつもチェックしていても、筋肉量なんてチェックしたこともない」という方もいらっしゃるかもしれませんね。

でも、**大事なのは「体重」よりも「筋肉量」**なのです。

注目すべきは中身の筋肉量と脂肪量の割合がどう推移しているか。中身の状態がどうなっているかは、体重だけでは分かりません。サルコペニア肥満が進んでいるかどうかは、筋肉量を測らなければ分からないのです。

筋肉量は、市販の体組成計《たいそせいけい》で簡単にチェックをすることができます。「体組成計」では、体重に占める筋肉の量（筋肉率）を「パーセント」で表わしてくれます。もし、体組成計をお持ちでない場合は、街の電器屋さんでも家電量販店でも売っているので、すぐにでも購入されることをおすすめします。わりとリーズナブルなお値段で購入できるはずです。

そして、ぜひとも定期的な筋肉量チェックを習慣にしてください。自分の筋肉率が多いほうなのか、それとも少ないほうなのかを知るには、次のページの表を参考にするといいでしょう。

とにかく、筋肉量を測ってみて、**自分の中身がどういう状態になっているのかを把握することが大切。**体重計の目盛りだけを気にして筋肉量を無視するような生活をしていたら、自分の中身がどうなっているかなんて、一生気づかないかもしれません。もしかしたら、体重や見た目は普通なのに、体の中ではいつの間にかサルコペニア肥満が進行してしまっているかもしれないのです。

サルコペニア肥満が進めば、病気になったり寝たきりになったりするリスクが大きく高まるわけですから、自分でも知らぬ間にかなりリスキーな状態になっている可能性も十分にあります。

ですから、私は声を大にして言いたいと思います。

●年代別の筋肉率（男性）（%）

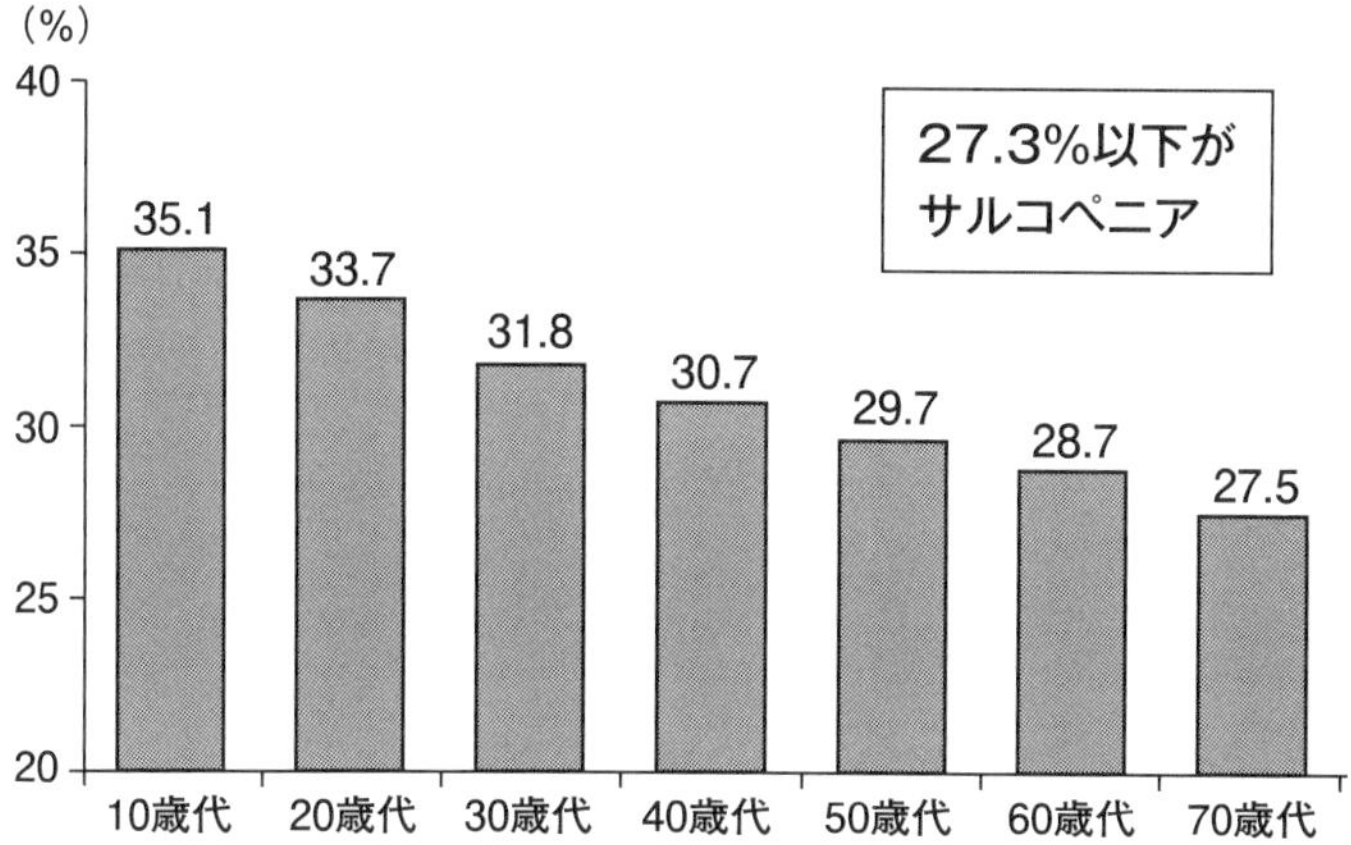

●年代別の筋肉率（女性）（%）

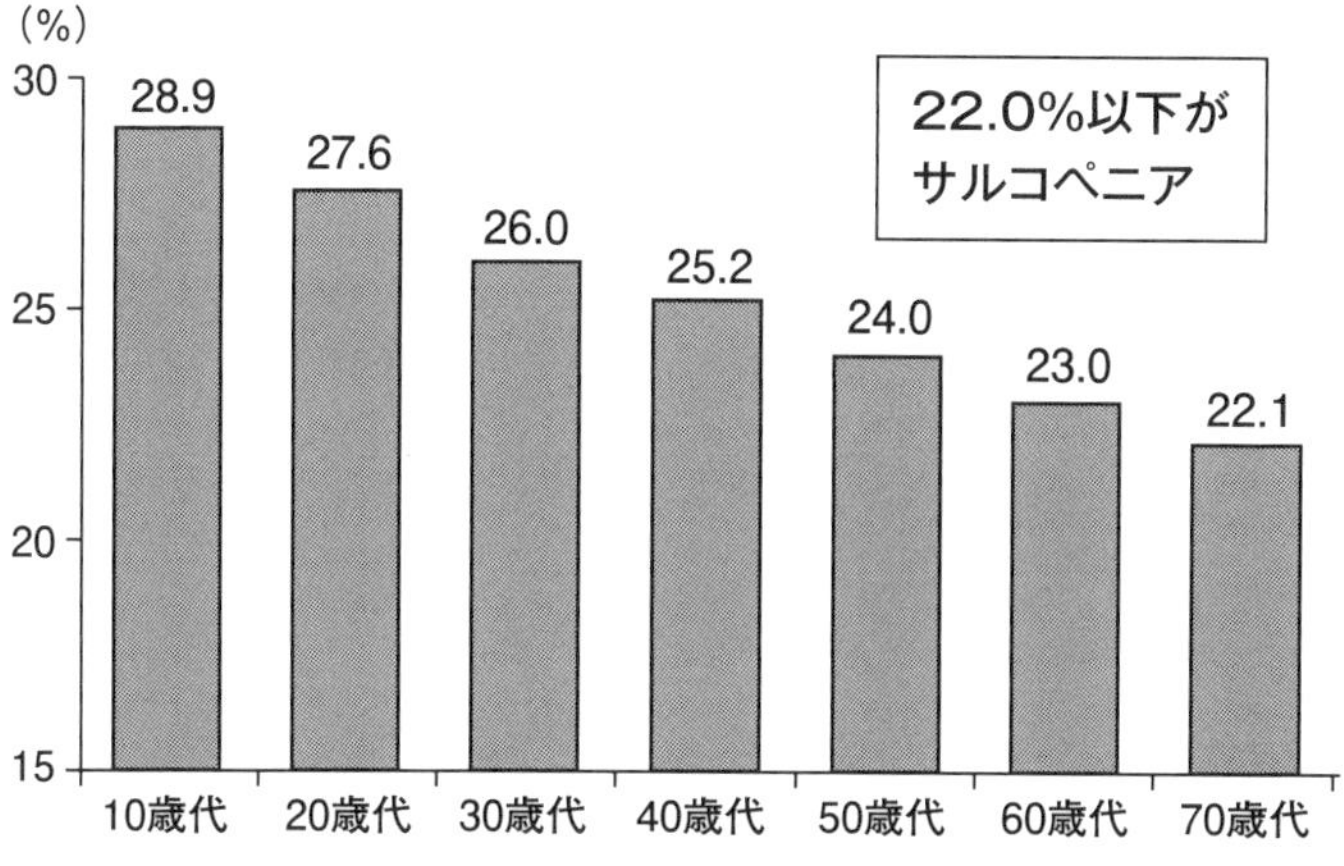

筋肉率：体重当たりの全身骨格筋の量【筋肉量（kg）/体重（kg）×100】

筑波大学　久野研究室資料（2012）

病気になりたくないなら、筋肉量を測りなさい。寝たきりになりたくないなら、筋肉量を測りなさい――と。

くわしくは後の章で改めて紹介しますが、とくにダイエット中は筋肉量をチェックして絶対に落とさないようにしていく姿勢が不可欠です。

みなさん、とにかく健康とダイエットのカギを握っているのは筋肉量なのです。体重の目盛りだけを気にするようなダイエットとはもういい加減オサラバして、筋肉量にスポットを当てていくようにしましょう。

女性が美容について大誤解していること

若い女子学生とダイエットや筋肉の話をしていると、ときどき「**ああ、この人はものすごい勘違いをしているんだな**」と気づくことがあります。

それというのも、「脂肪がついてくるのはもちろんイヤだけど、体に筋肉がついちゃうのもイヤ」と思っている人がけっこう少なくないのです。そういう彼女たちが「筋肉がつくこと」に対してどんなイメージを抱いているのかと聞くと、だいたい「ボディビルダーのようなマッチョ体型」「筋肉ムキムキの体つき」といった声が上がってきます。要するに、ああいう筋肉の盛り上がりばかりが目立った〝筋肉質の体〟にはなりたくないというわけですね。

これは、とんでもない大誤解です。だいたい、女性は筋肉をつけてもああいうふうにムキムキにはなりません。女性ボディビルダーのように「筋肉を盛り上がらせる特別な訓練」でもすれば別ですが、普通は女性ホルモンの影響などもあって、**どんなにがんばってもマッチョ体型にはならないようにできているのです。**

それに、そもそも「筋肉をつけると女性らしい体の線が失われる」と思っているところがおかしい。むしろ、まったく逆であり、筋肉をつけることこそが「女性らしいボディ」をキープすることにつながるものなのです。

たとえば、しなやかなハリ。若い女性の肌はやわらかくしなやかでありながらも、ピンと張りつめた緊張感があるもの。また、モデルさんなどの脚も、ほっそりしてはいても太ももやふくらはぎにはハリや質感がみなぎっていますよね。ああいう「しなやかなハリ」は肌の内側にしっかり筋肉が詰まっているからこそ現われてくるものなのです。

私は、**女性にとっての筋肉は、肌と体を美しくするための「下地」**のようなものだと思っています。**言わば、肌を内側で支えている「マット」です。**そのマットが下地としてたくさん詰まっていれば、体のラインは適度なふくらみを描きつつしなやかな曲線に保たれ、肌にはハリのある緊張感が漂うようになるのです。逆に、そのマットが少なくなってくると、下地で肌や体を支える力が衰えてきて、体のラインが崩れてきたり肌のハリがなくなってきたりするようになるのです。

みなさんちょっと、パンパンに詰まっていたマットが10％か20％減ってしまった状態を想像してみてください。中身のマットが減れば、それをくるんでいる皮（肌）が余ってぶよぶよとした感じになりますよね。その余った部分に脂肪が入り込んでくればその部分がたるんでくることになりますし、そこに脂肪が入ってこなければ皮が余った分シワができやすくなるのです。

つまり、**ハリや質感などの肌の勢いがなくなってたるみやシワが増えてくるのには、中身のマットの量の減ってしまったことが大きく影響しているん**ですね。このマット量（筋肉量）は、20代における量を100％とすれば、30代で90％、40代で80％程度に減ってきてしまうのが普通です。だから、筋肉というマット量減少に何の対策もしていなければ、30代、40代になってっててきめんに肌トラブルに悩まされるようになってくるわけです。

それにそもそも、**筋肉には重力に逆らって体を支える働きがあります**。こうした筋肉は「**抗重力筋**」と呼ばれているのですが、加齢とともにマット量が減ってくると、それとともに「重力に抗う力」も落ちて、いろんな部位がだらんと垂れてくることになります。

例を挙げれば、胸のマットが減ってくればバストが垂れてくることになりますし、お尻のマットが減ってくればヒップが垂れてくることになります。おなかのマットが減ればウエストにくびれがなくなって下腹が出てきますし、二の腕部分のマットが減れば腕の下側に〝振袖〟のような脂肪が垂れてくるでしょう。また、大腰筋という体を支える大黒柱の筋肉が減れば、まっすぐ姿勢を支えることができず、ねこ背になってくるようにもなります。

このように、女性らしい体のラインが崩れてくるのには、筋肉というマット量の減少が大きく絡んでいるのです。

みなさん、いかがでしょう。女性の体や肌の美しさには、筋肉という下地マットが必要不可欠であることがお分かりいただけたでしょうか。

最近は、40代、50代、60代になっても美しい肌やプロポーションを維持している人が多くなってきましたが、そういう女性たちはみんな「**筋肉という下地マット**」を日々入念にケアしています。海外のスーパーモデルにしても、日本の芸能人や美魔女と言われる方々にしてもみんなそう。筋トレを行なって中身のマットを維持しているから、何歳になっても美容をキープしていられるのです。

そう考えると、「筋トレをすると、ムキムキの体になっちゃうからイヤ」なんて言っている人がいかに根本的に間違っているかがお分かりでしょう。筋肉に対してそういった「とんでもない誤解」をしている人は、歳をとるとともにマット量を減少させてしまい、みすみす美しさを手放してしまうハメになるのではないでしょうか。

そして、美容をキープしていけるだけのマット量が保たれているかどうかを知るには、やはり筋肉量を測る習慣をつけなくてはなりません。体組成計に乗って、自分の中身の状態が正しく保たれているかどうかを定期的にチェックしていくべきなのです。

前の項目で、「病気になりたくないなら、筋肉量を測りなさい」「寝たきりになりたくないなら、筋肉量を測りなさい」と申し上げましたが、「**美しさをキープしたいなら、筋肉量を測りなさい**」ということも言えそうですね。

ジョギングやウォーキングでは筋肉量は増えない

みなさんのなかには、〝このままじゃ自分もかなりマズイことになるぞ、よーし、自分も筋肉をつける運動を始めてみようか〟と思っている方も多いかもしれません。

ただ、なかには〝どうしても筋トレをしなきゃダメなのかしら？ 筋トレはちょっとたいへんそうね……ジョギングやウォーキングでもいいのかしら？ 走ったり歩いたりするだけでも多少は筋肉を使っているはずよね。だったら、そういう運動をするだけでも構わないのよね〟――そんなふうに考えている方もいらっしゃるのではないかと思います。

では、ここではっきり申し上げておきましょう。

筋肉量をキープしたり増やしたりするには、あくまで筋トレをしなくてはなりません。**いくらジョギングやウォーキングをがんばったとしても筋肉はつかないし筋肉量のキープにはつながらないのです。**

なぜ、ジョギングやウォーキングではダメなのか。それには、「**速筋**《そっきん》」と「**遅筋**《ちきん》」の役割について説明しなくてはなりません。

みなさん、筋肉にこのふたつのタイプがあることはご存じですよね。そう、**速筋は瞬発的に大きな力を出すための筋肉で、一方の遅筋は持続的な力を発揮するための筋**

肉です。

日本人の場合、速筋と遅筋の割合はだいたい1対1なのですが、人により多少の偏りはあります。まあ、子供の頃、短距離走が速くていつもリレーの選手に選ばれていたような人は速筋が多め、逆に長距離走などの持久力に自信があった人は遅筋が多めだと思っていいでしょう。

これらふたつのタイプの筋肉は、そのときどきの運動や動作によってかなり明確に使い分けられています。

速く走ったり重いものを持ち上げたりするときは速筋が使われて、遅筋のほうはほとんど出番なし。反対に、長い時間歩いたり走ったり、生活に必要な軽い動作を行なったりするときは遅筋が使われて、速筋のほうはほとんど出番なし。このように、状況によってどっちの筋肉が出ていくかの役割分担がきっちり決められているのです。

そして、じつは、**加齢とともに減少していく筋肉量の大部分は速筋なのです。**筋肉には速筋から選択的に衰えていく性質があり、年々じわじわと少なくなっていく筋肉はもちろん、無茶なダイエットによって失われてしまう筋肉もほとんどは速筋で占められていると言っていいでしょう。

ところが、日常の生活活動では、速筋はほとんど使われないも同然なのです。遅筋のほうは移動で歩いたり階段を上り下りしたりする際などにわりと使われているのですが、速筋のほうは急いでダッシュをしたり重いものを持ち上げたりする機会でもないとなかなか使われません。

そういった動きをするときと言えば、「バスや電車に駆け込もうとしてダッシュをするとき」とか、「10キロくらいのお米を買って運ぶとき」とか、「部屋の模様替えや引っ越しなどで重い家具や荷物を運ぶとき」とか……それくらいのものでしょうか。いずれも日常的な行動とは言えませんよね。

ですから、運動らしい運動をしない毎日を送っていると、日々じわじわと速筋が失われ、筋肉量が減っていってしまうことになるわけです。そして、こうした筋量低下を食い止めたいのであれば、筋トレなどの速筋を使う運動を習慣づけていく姿勢が不可欠なのです。

また、これで「どうしてジョギングやウォーキングでは筋肉量をつけられないのか」の理由もお分かりいただけたのではないでしょうか。ジョギングやウォーキングなどの有酸素運動では、速筋は「出番なし」の状態であり、速筋を鍛える効果はほとんどゼロのようなもの。何キロジョギングしたとしても何時間ウォーキングをしたとしても、使われるのは遅筋ばかりで、速筋はまったくと言っていいほど使われません。

だから、**どんなにジョギングやウォーキングをがんばっても速筋の減少にストップをかけることができず、筋肉量の維持にはつながらないのです。**

近年はジョギングやウォーキングを愛好する人がとても増えてきています。毎日30分以上ジョギングしている人や1時間近くウォーキングしている人もそうめずらしくはありません。

もちろんそれはとても大切な習慣です。しかしながら、もし、そうした有酸素運動を行なうだけで筋肉も鍛えられていると思っているのだとしたら、それは大きな間違いだということになります。

これに関しては誤解されている方がたいへん多いので、みなさんもしっかり頭に入れておいてください。

アンチエイジングの運動2本柱で体の中身を正しくシフトさせる

ただし、**ジョギングやウォーキングなどの有酸素運動は、決して不必要なわけではありません**。むしろ、まったく逆であり、有酸素運動は健康維持のために不可欠。有酸素運動は体脂肪を燃焼させる効果が高いので、とくにダイエットの際には大きな力を発揮することになります。

サルコペニア肥満の予防や解消のためにも、有酸素運動を行なうことが必須です。ただし、有酸素運動は「サルコペニア肥満」の「肥満」部分には有効ですが、筋肉量の減少は防げないため、「サルコペニア」部分に対しては無防備ということになってしまいます。だから、「**サルコペニアに対しては筋トレ**」という手を打ち、「**肥満には有酸素運動**」という手を打って、2本立てで臨んでいく必要があるわけです。

つまり、筋トレだけでも、有酸素運動だけでも不十分。両方の運動を並行して行なうことによって、はじめて「サルコペニア」と「肥満」のふたつとも防ぐことのできる態勢が整うわけですね。

私は、この「2本立ての運動」を習慣づけることは、サルコペニア肥満を防ぐだけでなく、ダイエットと健康管理の基本になると考えています。

なぜなら、筋トレと有酸素運動を並行して行なっていけば、**「体の〝中身〟を正しくキープしながら健康的にやせていく」**ということが可能になるから。

つまり、筋トレをすれば筋肉という中身を増やすことができるし、有酸素運動をすれば脂肪という中身を減らすことができる。「必要な中身」を増やしつつ「不必要な中身」を減らしていくという同時進行を推進していくことで、体内の筋肉と脂肪の割合を正しい方向へシフトしていけるようになるのです。

もっと言えば、健康なダイエットを実現していくには、体の中身のコンディションを正しくキープしながらやせていく必要があり、そのためには筋トレと有酸素運動の両者を並行して行なうことが不可欠だということ。

これまでのダイエットは、体重ばかりを気にして、体の中身の問題を放置してきました。言うなれば、そこが最大の欠陥であったわけです。しかし、筋肉量を維持しつつ、体の中身の問題をちゃんと気にかけながら適切にダイエットをしていくのであれば、何の問題もありません。

ですからみなさん、これからはふたつの運動を習慣にして、体の中身を正しい状態へシフトさせながらやせていくようにしましょう。

そうすれば、そのダイエットが劣化や老化を遅らせて、健康や美容、アンチエイジングなどの多くの面で恩恵がもたらされるようになっていくはずです。

筋トレと有酸素運動のふたつは、「中身を正しくシフトする運動」であり、いつまでも若々しくあるための「運動の基本」と言っていいのではないでしょうか。

第3章

筋肉をつけながら自然にやせる3つの習慣

この〝やせるトライアングル〟をすれば寝たきりにならない

この章からは、筋肉量を減らすことなく健康にやせていくための具体的なノウハウをご紹介していきましょう。

先にも述べたように、私は、健康なダイエットは、次の3つがそろうことによってはじめて可能になると考えています。

①筋トレ
②ウォーキング（有酸素運動）
③適切な食事制限

筋肉量を減らすことなく基礎代謝をキープしていくには筋トレが不可欠。ただ、筋トレだけだと脂肪を燃やす効果はあまり期待できないので、ウォーキングなどの有酸素運動も並行して行なわなくてはなりません。このふたつの運動を行ないつつ、適切な食事制限を行なっていけばいいのです。

筋トレをしていれば、食事制限をしても筋肉量が減ることはありませんし、並行してウォーキングをしていれば、より脂肪を燃やして消費カロリーを増やすことになります。これらふたつの運動を行なうとともに食事量を適正に控えていくようにすればカンペキ。この3つを柱としてダイエットをしていけば、劣化や老化を進めることもなく、寝たきりになるのを早めることもなく、健康をキープしながらやせていくことが可能となるわけです。

私はこの3本柱こそ**〝黄金のやせるトライアングル〟**であり、このトライアングルを維持しながら三位一体《さんみいったい》としてダイエットを行なっていくのが「健康にやせるための王道」だと思っています。言うなれば、「三位一体ダイエット」。

このダイエットでは3つのうちのどれかひとつでも欠ければ、バランスが大きく崩れて健康なダイエットが成立しなくなってしまいます。筋トレという柱が欠ければ、筋肉量が減って基礎代謝が低下してしまいますし、ウォーキングという柱が欠ければ、脂肪が燃えにくくなってしまう。すなわち、**3つのトライアングルのバランスを維持しつつ並行して行なってこそ「王道」を歩むことができるのです。**

この第3章では、「筋トレ」「ウォーキング」「適切な食事制限」の3本柱において、それぞれどんなことを習慣づけていけばいいのかを順に見ていくことにしましょう。

ただ、各論に入る前にひとつお断りしておきましょう。

3本柱のひとつ、有酸素運動はここではウォーキングを行なうことを前提にしています。

有酸素運動にはウォーキング以外にも、ジョギング、水泳、水中ウォーク、エアロビクスなどがあります。もちろん、これらを行なうのでも〝黄金のやせるトライアングル〟を回すことが可能です。

しかしながら、ここでは有酸素運動の代表選手としてウォーキングを取り上げることにします。いちばんの理由は、ウォーキングがもっとも手軽に行なうことができるからです。水泳やジョギング、エアロビクスだと、行なうのに着替えなくてはなりませんし、これらの運動は「15分ほど時間が空いたからやろうか」というわけにはいきません。

その点、ウォーキングであれば、着替える必要もありませんし、仕事や買い物のついでやちょっと時間ができたときに気軽に行なうことができます。やはり長く継続していくためには、いつでもどこでも気が向いたときに行なえることがとても大きなメリットとなるのです。

それに、**ウォーキングはいろんな有酸素運動のなかでももっとも脂肪燃焼効果が高いことがわかっています。**運動強度としてはジョギングやエアロビクスのほうが高いのですが、脂肪を効率よく燃焼させるという点ではウォーキングのほうがずっと優っています。ですから、ジョギング、水泳、エアロビクスなどがお好きな人も、できればウォーキングを習慣づけたうえでプラスアルファとしてお好みの有酸素運動を行なうようにしていくといいのではないでしょうか。

さあ、それでは3つのトライアングルをどのように回していけばいいのか、筋トレから順に見ていくことにしましょう。

筋トレは「つらい」「苦しい」「たいへん」というイメージとサヨナラしよう

みなさんは「筋トレ」という運動にどのようなイメージを持っていらっしゃるでしょう。

おそらく、「すごーくたいへんなことをしなければならない」という先入観を持っている方も多いのではないでしょうか。運動嫌いの方のなかには「筋トレ」という言葉を聞いただけで、「つらい・苦しい」→「続かない」→「私にはできっこない」といった連想をする方もいらっしゃるかもしれません。

でも、こうしたイメージはまったくの誤解です。

筋トレは決して「すごくたいへん」なトレーニングではありません。自分の体重を利用してほんの少しの負荷を筋肉にかけるだけ。筋肉量を維持することを目的にしたメニューであれば、ほとんど汗をかかずに行なうことができるでしょう。つらい思いをすることもなければ、苦しい思いをすることもありません。日常生活を普通に送れるだけの体力があれば、ほとんどの人は軽々とトレーニングをこなしていくことができるはずです。

それに、**筋トレは誰もが行なうことのできる運動です**。まったく運動経験がない女性でも行なうことができますし、80歳を超えたおばあさんだって行なうことができます。

いまの筋トレは、その人の年齢や体力、目的に沿ってメニュープランを割り出すようになっています。たとえ運動が苦手な人やお年寄りであっても、その人その人にふさわしいトレーニングがあるのです。

だから、あくまで、自分に合ったハードルのトレーニングを自分に必要なだけやればいい。何も高いハードルを掲げてがんばろうとしなくてもいいのです。

それともうひとつ、つけ加えておきましょう。筋トレというと、映画『ロッキー』のシルベスター・スタローンのように、歯を食いしばってバーベルを持ち上げたり、マシンと格闘したり、ハードな腕立てや腹筋を行なったりするトレーニングを思い浮かべる人が少なくありません。でも、ああいうことをする必要はまったくありません。もし、ああいう過酷なイメージを筋トレに持っているなら、いまのうちにきれいに洗い流してしまっておいてください。

アスリートが取り組む筋トレと、一般の人が筋肉量を維持するために行なう筋トレとでは、まったく別ものと思っておいたほうがいいでしょう。**わたしたちが目指そうとしている筋トレは、自分の体の重みを負荷にした軽いトレーニング。**歯を食いしばってがんばる必要も、汗水流して苦労を重ねる必要もありません。仕事の合間にもできますし、テレビを観ながらでもできます。しかも、**10分もあれば、らくらくメニューをクリアできるのです。**

いかがでしょう。こうした誤解が解ければ、筋トレに対する見方やイメージもこれまでとはかなり変わってくるのではありませんか。きっと、みなさんの筋トレに対するハードルもだいぶ下がってきたのではないでしょうか。

いちばんの秘訣は「1日のメニューを軽く少なめにすること」

これからご紹介する筋トレメニューも、誰でも気軽に取り組んでいくことができるよう、ハードルが低めに設定してあります。

私は、ダイエットや健康維持のトレーニングに関しては、「必要最低限レベルの運動をこなしていけばいい」という考えを持っています。

なぜなら、こうしたトレーニングでいちばん大事なのは、「ずっと継続していくこと」だから。運動というものは、続けていかなければ意味がありません。1週間筋トレをがんばったとしても、**次の1週間を休んでしまえば、体はほぼトレーニング前の状態に戻ってしまいます。**そして、トレーニングを長く継続していくためのいちばんの秘訣《ひけつ》が「**1日のメニューを軽く少なめにすること**」なのです。トレーニングというものは、ハードルが高かったり量が多かったりすると長続きしません。三日坊主でいちばん多いのも、最初から高いハードルを掲げてがんばってしまうパターン。ですから、1日のメニューは「これくらいならラクに続けていける」という程度の低めのハードルに設定しておくほうがいいのです。

もっとも、筋トレは一定レベルの負荷を筋肉にかけなければならず、あまりにハードルを下げ過ぎるとトレーニング効果を上げられなくなってしまいます。だから、「効果を上げることのできるギリギリ最低限ライン」をメニューとして設定しておいて、そのトレーニングを日々続けていくようにすればいいわけです。

つまり、「1日にやる量はこれとこれだけの最低限ラインでいいから、その代わりに長く継続していってくださいね」ということ。まあ、言い方を変えれば、できるだけラクなトレーニングを継続していくことで大きな効果を生み出してしまおうということになります。小さな努力で構わないから、日々コツコツと続けて大きな成果につなげていこうというわけですね。

きっとみなさんも、これからおすすめする筋トレを始めてみれば、**〝えっ、たったこれだけでいいの？〟〝こんなに軽いトレーニングで大丈夫なの？〟**と思うのではないでしょうか。でも、そういうふうに「ちょっと物足りないぐらい」のほうが続けていくにはちょうどいいのです。

それくらいの運動量なら精神的に負担に感じたりストレスになったりすることもありません。おそらく慣れてくれれば、毎日歯を磨いたり顔を洗ったりするのと同じくらい、筋トレが〝やるのが当たり前の作業〟になっていくことでしょう。

筋肉量をキープするには「1日3種目、週3日」の筋トレでも十分

では、〝やせるトライアングル〟を回していくために、1日にどの程度の筋トレを行なえばいいのか。私がみなさんにおすすめする「5つの筋トレメニュー」をご紹介することにしましょう。

メニュー①　大腰筋スクワット（5〜10回）……大腰筋、太もも全体、お尻を鍛える筋トレ

メニュー②　大腰筋ランジ（左右10回ずつ）……大腰筋、太もも全体、お尻、ふくらはぎ、肩・腕まわりを鍛える筋トレ

メニュー③　バランス腹筋（左右5回ずつ）……腹筋、背筋、大腰筋、肩・腕まわりを鍛える筋トレ

メニュー④　ゆっくり四股《しこ》踏み（左右5回ずつ）……太もも全体、お尻、大腰筋、腹筋を鍛える筋トレ

メニュー⑤　座ってひざ伸ばし（左右10回ずつ）……太ももの前側の筋肉を鍛える筋トレ

ここでは5種目のメニューを挙げていますが、必ずしも1日に全部行なわなくても結構です。

とは言え、トレーニング効果を上げるには、**なるべく1日に3種目は行なうようにしてください。**①〜⑤のメニューの組み合わせは自由です。①②⑤という組み合わせでも、①③④という組み合わせでもOK。ただ、**メニュー①の大腰筋スクワットは、下半身の筋肉を鍛えていくうえでいちばんの基本となるメニューなので、できるだけ常時入れておくようにすることをおすすめします。**

組み合わせの例を挙げれば、①と②をいつも行なうように固定しておいて、3種目めは③④⑤を日替わりで行なうのもいいでしょう。また、ウィークデーは①②③を行なうようにして、土日は5種目全部を行なうのもいいと思います。

なお、**筋トレは必ずしも毎日行なわなくても構いません。**もちろん、毎日できればそれに越したことはないのですが、最低ラインで週3日できればOKと考えてください。もっとも、週3日はあくまで最低ラインであり、週2日となると十分な効果を上げられなくなってしまいます。できれば週5日くらいを目指しておいて、忙しい週でもどうにか週3日をクリアできるくらいのペースで行なうようにしていくといいのではないでしょうか。

とにかく、筋肉量キープの効果を発揮できる最低限ギリギリのラインは「**1日3種目を週3日**」ということになります。

1種目を1セット行なうだけなら、せいぜい3分もあれば十分でしょう。必要量の3種目をまとめて行なっても、10分もあれば余裕でできるはずです。10分程度なら、バタバタと忙しい朝でもなんとか時間をつくれそうですし、お昼休みなどにササッと行なってしまうこともできそうです。また、1日3種目を3回に分けて行なうのでも構いません。朝、昼、夜に1種目ずつ行なってもいいですし、朝1種目、夜2種目行なうようにしてもOK。自分の生活サイクルに合わせて筋トレを習慣づけていくようにするといいでしょう。

どうです？　みなさん、〝これくらいのハードルの低さなら、自分もなんとか続けられそうだな〟という気になってきたのではありませんか？　次の項目からは、それぞれの筋トレのやり方をくわしく説明していくことにします。みなさん、ハードルが低いからといって甘く見ることもなく、かといってハードルを上げてがんばりすぎることもなく、自分のペースで長く続けていくようにしてください。

【筋トレメニュー①】
大腰筋スクワット
大黒柱の筋肉を太くする基本メニュー

大腰筋は体の奥底で背骨と大腿骨とをつないでいる筋肉。**言わば、上半身と下半身をつないでいる大黒柱のような存在です。**

この大黒柱の筋肉量が落ちてくると、体をまっすぐ支える力が低下して、姿勢が悪くなったり歩行機能が衰えてきたりするようになります。大腰筋は、まさにわたしたちの活動を根底で支えている筋肉であり、筋量アップやキープのための運動を行なうなら、イの一番に鍛えるべき筋肉と言えるでしょう。

そして、この大黒柱の筋肉を効率よく鍛えることができるように工夫を施したトレーニングがメニュー①の「大腰筋スクワット」なのです。

もともと、スクワット運動は下半身の筋肉を総合的に鍛えることのできるトレーニングとして知られています。この「大腰筋スクワット」のいちばんの特徴は、腰を深く落とした姿勢を10秒間キープする点。つまり、**「10秒キープ」を加えることによって、体の奥底の大腰筋にまでトレーニングの刺激を行き届かせられるように工夫してあるわけです。**

やり方の手順をご紹介しましょう。

まず、両足を肩幅に開いて背すじを伸ばして立ち、両腕を前に出して手を組みます。つま先はまっすぐ正面に向けてください。そして、両手を組んだまま、3秒かけてゆっくりと腰を落としていきます。ひざの角度が90度くらいになるまで腰を落としたら、その状態で10秒間キープ。その後3秒かけてゆっくり上体を上げていき、元の姿勢に戻ります。これを5回から10回繰り返すのです。

いくつか注意点を挙げておきましょう。スクワットを行なう際は、**「ひざとつま先を同じ方向に向けて行なうこと」**と**「腰を落としたときに、ひざをつま先よりも前に出さないようにすること」**の2点を守るのが大事な基本です。この2点を守らないとひざの関節を痛めやすくなります。

また、腰を落とす際は、「組んだ両手が前のほうに引っ張られるような感じ」と、

① 指を絡ませた状態で両手を前で組み、肩の高さでまっすぐに伸ばす

② 3秒かけてゆっくりと腰を落としていく。図の状態で10秒間キープし、その後3秒かけてゆっくり①に戻る

1セット　5～10回

「お尻が後ろへ引っ張られていくような感じ」を意識するといいでしょう。手を前方へ突き出し、お尻を後方へ突き出しながら行なうと、ひざが前に出るのを防ぐことができ、下半身の各筋肉により的確に負荷をかけることができるのです。ですから、前方と後方に意識を傾けつつ、背すじをまっすぐキープしたまま、ゆっくりと腰を上げ下ろしするようにしてみてください。

なお、最初のうちは、腰を落としたまま10秒間キープするのがきつく感じるかもしれません。その場合は、「3秒間のキープ」や「5秒間のキープ」でも構いません。軽くクリアできるレベルからスタートして、慣れてきたら徐々にキープする時間を延ばしていくようにするといいでしょう。

とにかく、先程も述べたようにこの「大腰筋スクワット」は、**5つの筋トレのなかでもいちばんの基本として取り組んでいただきたいメニュー**。他のメニューは日替わりにしても構いませんが、このメニューだけは「定番」としていつも行なうようにするといいでしょう。ぜひみなさん、1日1日、体の中の大黒柱を太く頑丈にしていくようなつもりで取り組んでみてはいかがでしょうか。

【筋トレメニュー②】

大腰筋ランジ 足腰の筋肉を丈夫にする

メニュー②は「大腰筋ランジ」です。

「ランジ」というのは、足を大きくスライドさせるトレーニング手法のこと。「大腰筋ランジ」の名からもわかるように、この筋トレも**大腰筋をはじめとした下半身の筋肉を鍛えるのに向いています。**

まず、「気をつけ」の姿勢をとり、両ひじを曲げて、軽く握ったこぶしが胸の位置に来るようにしてください。この際、ひじを後ろへ引きつけて胸を張るようにしましょう。

次に、片方の足を前方へゆっくり大きく踏み出し、それと同時に腰をゆっくり落としていきます。また、足を踏み出すとともに、両手を前方へゆっくり突き出していきます。すなわち、「足を踏み出す」「腰を落とす」「両手を突き出す」という3つの動作を同時進行で行なうことになるわけです。これらの動作を3秒かけてゆっくり行なうようにしてください。

そして、ひざの角度が90度くらいになるまで腰を落としたら、その姿勢のまま1秒間キープ。その後、3秒かけてゆっくりと元の姿勢に戻していきます。両腕を戻すときは、ひじを後ろへ引きつけ、肩甲骨を引き寄せて背筋を収縮させるようにしましょう。

これらの動きを左右交互に10回行なって終了となります。

注意すべきポイントは、**背すじを伸ばして、上体をまっすぐにキープしたまま腰を落としていく点**。上体をまっすぐにしたまま腰を沈めると、上体の重みが下半身の筋肉にまっすぐかかってくるため、より効率的に負荷をかけることができるのです。またメニュー①のスクワットと同様、「**腰を落とす際に、ひざをつま先よりも前に出さない**」という点にも気をつけてください。

それと、上半身のほうは、「両腕を前方へ突き出す→両ひじを曲げて引きつける」という動作を〝エア腕立て伏せ〟をしているようなつもりで行なうことをおすすめし

① 気をつけの姿勢をとり、両ひじを曲げて、胸の位置でこぶしを握る

② 両手を前方に押し出しながら、片方の足を前に大きく1歩踏み出し、同時に腰を落としていく。1秒間キープ後、ゆっくり①に戻る

1セット　左右10回ずつ

ます。目の前に「空気の厚い壁」があって、それを押したり引いたりしているようなつもりで、二の腕や胸筋、背筋に力を込めていくといいでしょう。

たとえ〝エア〟であっても、こうした意識を向けながら筋肉を動かしていると、それ相応の筋トレ効果が発揮されるものなのです。腕や肩まわりの筋肉、胸筋、背筋を鍛えるのにも有効ですので、上体の動きも決しておろそかにせずに行なうようにしてください。

とにかく、この「大腰筋ランジ」はたいへん頼りがいのあるメニューのひとつ。普段から行なっていれば、大腰筋、お尻、太もも、ふくらはぎなどがまんべんなく鍛えられて、下半身全体に粘り強さが出てくるようになります。こうした筋肉の強さがついてくれれば、歩行をはじめとした生活動作にも安定感が出てきて、転んだりよろけたりすることが少なくなっていくことでしょう。

「大腰筋スクワット」と併せて下半身強化に努めるもよし、上半身も下半身も鍛えられるマルチ・メニューとして重宝するもよし。ぜひみなさん、このメニューを有効に活用してトレーニングをしていくようにしてください。

【筋トレメニュー③】
バランス腹筋
体幹を強くして、ぽっこりしたおなかもスッキリ!

3つめのメニューは「バランス腹筋」です。

腹筋トレーニングというと、たいていの方は仰向けになって上体を起こす運動のことを想像するでしょう。

でも、この「バランス腹筋」は違います。よつんばいになって、手足を伸ばしたり縮めたりしながら、**腹筋や背筋を鍛えていくトレーニング**なのです。

やり方をご説明しましょう。

まず、よつんばいになります。フローリングに直接ひざをつくと痛い場合もあるので、じゅうたんや畳、あるいはヨガマットの上で行なうといいでしょう。次に3秒かけてゆっくり片方の手と片方の足を伸ばしていきます。

この際、右手と左足、左手と右足というように、逆側の手足を伸ばすようにしてください。手も足もできるかぎり大きく伸ばして、手先〜背中〜足先のラインが最終的に一直線になるようにしましょう。一直線になったら、その姿勢のまま1秒間静止してください。

その後、息を吐きながら体を丸めていき、同時にひじとひざを曲げて腕と足をゆっくり3秒かけてたたんでいきます。そして、たたんだひじとひざをおなかの前でタッチさせましょう。

タッチさせたところで1秒間静止。そして、息を吐きながら3秒かけてゆっくりよつんばいの姿勢に戻って終了です。反対側も同様に行ない、左右交互に5回ずつ、計10回行なうようにしましょう。

この「バランス腹筋」では、**体幹の筋肉、すなわち、腹筋や背筋などの体のセンターラインの筋肉を効率よく鍛えることができます**。その効果を高めるためには、手足を伸ばしたり縮めたりするとき、できるだけ体の中心軸をまっすぐにキープしたまま行なうようにしてください。常に中心軸がブレないようにバランスを取りながら曲げ伸ばしをすることで、体のセンターラインの筋肉により効果的に力が入ることになる

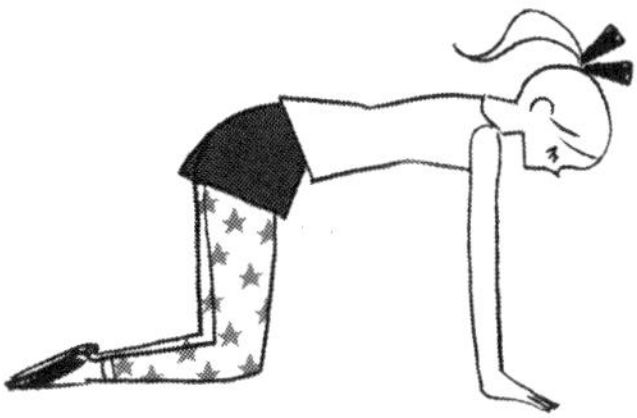

① よつんばいの姿勢になる

② 3秒かけてゆっくり左右逆の手足を伸ばす。手と足が一直線になったら、そのまま1秒間静止

③ 3秒かけてゆっくり手足をたたみ、ひじとひざをお腹の前でタッチ。1秒間静止後、3秒かけてゆっくり①に戻る

1セット　左右5回ずつ

のです。

また、体を丸めるときは腹筋を意識し、手足を伸ばすときは背筋を意識するようにしてください。そうすることで、腹筋・背筋への力の入り方が違ってきます。さらに、腕を力強く曲げ伸ばしすることによって、肩まわりや二の腕の筋肉を鍛えることも可能です。ただし、手足を伸ばす際に足や腕を上げすぎてしまうと、腰を痛める可能性もあるので、あくまで水平にするにとどめておきましょう。

腹筋や背筋などの体幹の筋肉は、姿勢やスタイルを保つために重要な働きを担っています。 この部分の筋肉が落ちてくると、ねこ背になってきたり、おなかに脂肪がついてきたりすることが多いのです。

また、体幹の筋肉が落ちてくると、歩行をはじめとした動作の安定性も落ちてきて、転んだりよろけたりすることが多くなっていくようにもなります。

つまり、体のセンターラインの筋肉をしっかりさせておくことは、美容や運動機能をキープしていくうえでも必須なのです。ぜひ、日々のメニューに積極的に取り入れていくようにしましょう。

【筋トレメニュー④】
ゆっくり四股踏み
転ぶことのない下半身をつくる

お相撲さんが行なう四股踏みは、下半身の筋力をつけるのにたいへん効果的であることが分かっています。メニュー④の「ゆっくり四股踏み」は、一般の方でもこの効果を得られるようにアレンジしたものです。

まず、足を肩幅よりも少し広めに開いて立ち、背すじをまっすぐ伸ばします。次に、両手をひざに当てて、ひざの角度が45度くらいになるまでゆっくり腰を下ろしてください。

そして、いよいよ四股踏みに入ります。片方の足に重心を移動させ、体重を預けた足をまっすぐ伸ばすと同時に、もう片方の足をゆっくりと高く上げてください。できるだけ高く上げたところで1秒間静止し、ゆっくりと足を地面へと下ろしていきます。この動きを、左右交互に5回ずつ、計10回行なってください。

この四股踏みは、ネーミングからもわかるように、**できるだけゆっくりと行なうのがポイント**となります。

目安は、「足を上げるのに3秒」、「上げきったところで1秒キープ」、「足を下ろすのに3秒」です。足を下ろすときは重力がかかってくるため、3秒かけてゆっくり下ろすのはたいへんかもしれませんが、そこを踏みとどまってなるべくゆっくり下ろしてソフトに着地させるようにしましょう。

他の筋トレメニューでも共通して言えることですが、**筋肉に対してはゆっくりとした動きで負荷をかけたほうがトレーニング効果が高まることがわかっています**。スローな四股踏みになればなるほど、筋肉をつける効果が高まるというつもりで行なうようにするといいでしょう。

ただし、片足をゆっくり上げ下ろししているとバランスを崩しやすくなります。くれぐれも転倒しないように気をつけてください。もし、不安なようであれば、イスを体の前に置いておき、イスの背に両手でつかまりながら四股を踏むようにするといいでしょう。

① 足を肩幅よりも少し広めに開いて立つ

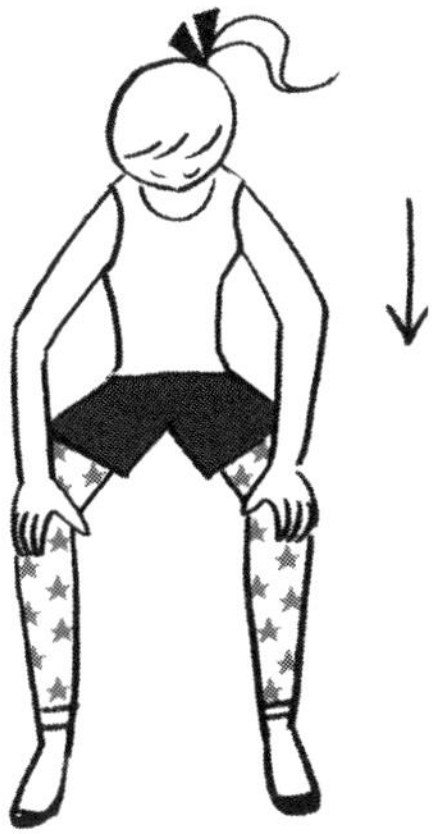

② 両手をひざに当てて、ひざの角度が45度くらいになるよう腰を落とす

③ 片足に体重をのせ、反対の足をゆっくり高く上げて1秒間静止。上げた足をできるだけゆっくり地面に下ろす

1セット　左右5回ずつ

この「ゆっくり四股踏み」は、**太もも、お尻、大腰筋などの筋肉強化にうってつけです。**また、足を上げ下ろしする際におなかに力を込めてバランスをとろうとするため、腹筋などの体幹を安定させることにもつながります。**普段から行なうようにしていれば、下半身全体が安定して歩行能力が向上してくることでしょう。**

みなさんも日々の筋トレメニューに取り入れて、転んだりよろけたりすることのない丈夫な足腰をつくっていくようにしてください。

【筋トレメニュー⑤】
座ってひざ伸ばし

いつでもどこでもトレーニング

最後のメニューは、筋トレ全体の継続性を高めていただくためにも「いつでもどこでも行なうことのできるお手軽なメニュー」を入れることにしました。「座ってひざ伸ばし」です。

やり方は簡単。イスに浅く腰かけて背すじを伸ばし、両手でイスの座面をつかみます。その状態で片方の足を3秒かけてゆっくりと上げていき、ひざが伸びて水平になったら1秒間キープ。その後、3秒かけてゆっくり足を下ろして元の状態に戻します。これを片足10回ずつ、計20回行なってください。もし左右10回ずつでもの足りないようであれば、15回ずつ、20回ずつと回数を増やしていくようにするといいでしょう。

ポイントは、とにかく焦らずにゆっくり行なうこと。3秒で上げて、1秒静止後、3秒で下ろすのが目安ですが、それ以上かけても構いません。それと、足を上げていくときにつま先を顔に向けることを意識してください。そうすると、太ももの筋肉だけでなく、ふくらはぎの筋肉にも力が入り、より筋トレ効果を高められることになります。

なお、このメニューは足を曲げ伸ばしするだけの単純な運動のせいか、〝これくらい楽勝でできる〟と思っている人が数多くいらっしゃいます。ただ、実際は思っていたほど簡単にはいかないことが多いもの。やってみると分かりますが、スローに足を曲げ伸ばししていると、太ももの前側の筋肉が緊張してきてだんだん上げたり下ろしたりするのがつらくなってきます。**この太ももの前側の筋肉は、足を引き上げるために欠かせない働きをしていて、とくに重点的に鍛えておかなくてはならない部位なのです。**

ですから、簡単なメニューだからといって甘く見ることなく、みっちりトレーニングをして鍛えるようにしてください。

ともあれ、この「座ってひざ伸ばし」は、イスさえあればどんなシチュエーションでも行なうことが可能です。職場であっても、お昼休みやデスクワークの手を休めたときなどに手軽に行なうことができます。（空いていれば）電車内でもできそうですし、公園のベンチなどで行なってもいいでしょう。私などは退屈な会議の最中などに机の下でこっそり行なっていることもあります。

こうした「いつでもどこでもできるメニュー」があると、何かと便利なもの。たとえば、〝ああ、今日はまだ2種目しか筋トレができてない……〟でも、急な出張が入ってしまった〟というときでも、「座ってひざ伸ばし」であれば、出先や移動中に簡単に行なうことができます。また、夜お酒を飲んで〝今日はもう筋トレをするのが面倒

郵 便 は が き

52円切手を
お貼り
ください

101-0003

東京都千代田区一ツ橋2-4-3
光文恒産ビル2F

(株)飛鳥新社　出版部第二編集

『寝たきり老人になりたくないならダイエットはおやめなさい
「筋肉減らし」が老いの原因だった』
読者カード係行

フリガナ ご氏名	性別　男・女 年齢　　　歳
フリガナ ご住所〒 TEL　　　（　　　）	
ご職業　1.会社員　2.公務員　3.学生　4.自営業　5.教員　6.自由業　7.主婦　8.その他（　　　）	
お買い上げのショップ名　　所在地	

★ご記入いただいた個人情報は、弊社出版物の資料目的以外で使用することはありません。

このたびは飛鳥新社の本をご購入いただきありがとうございます。

今後の出版物の参考にさせていただきますので、以下の質問にお答えください。ご協力よろしくお願いいたします。

■この本を最初に何でお知りになりましたか

1.新聞広告（　　　　　　　新聞）　2.雑誌広告（誌名　　　　　　　　　　　　）
3.新聞・雑誌の紹介記事を読んで（紙・誌名　　　　　　　　　　　　　　　　）
4.TV・ラジオで　5.書店で実物を見て　6.知人にすすめられて
7.その他（　　　　　　　　　　　　　　　　　　　　　　　　　　　　　　　）

■この本をお買い求めになった動機は何ですか

1.テーマに興味があったので　2.タイトルに惹かれて
3.装丁・帯に惹かれて　4.著者に惹かれて
5.広告・書評に惹かれて　6.その他（　　　　　　　　　　　　　　　　　　　）

■本書へのご意見・ご感想をお聞かせください

■いまあなたが興味を持たれているテーマや人物をお教えください

※あなたのご意見・ご感想を新聞・雑誌広告や小社ホームページ上で
1.掲載してもよい　2.掲載しては困る　3.匿名ならよい

ホームページURL http://www.asukashinsha.co.jp

寝たきり老人になりたくないならダイエットはおやめなさい 2015.07

① イスに安定するように浅く腰かける

② 片方の足を3秒かけてゆっくり上げ、水平になったところで1秒間キープ。3秒かけて①に戻る

1セット　左右10回ずつ

くさくなってしまった〟というときでも、「座ってひざ伸ばし」くらいであれば、やろうという気になるかもしれません。

このように、「帳尻合わせ」「間に合わせ」的に行なうのでも構いません。みなさんも、そのときどきの事情や都合に合わせて、うまくこのメニューを取り入れていくようにしてはいかがでしょう。

ウォーキングの週間目標は「チリツモ作戦」でラクラク達成!

筋トレの次は、ふたつ目の柱・ウォーキングです。

三位一体の〝やせるトライアングル〟を回すにはどんな歩き方をすればいいのかを見ていくことにしましょう。

ウォーキングに関しては、さまざまなエビデンスによって「これくらいは歩かないと、健康やダイエットに対する効果は期待できないよ」というラインが明らかになっています。

その歩数は「**1日に8000歩から1万歩**」です。すなわち、効果を上げることのできる必要最低限ギリギリのラインは「1日に8000歩」ということになります。8000歩は歩幅70㎝とすれば、5・6㎞の距離。1週間単位であれば、8000歩×7日間で、「5万6000歩」を歩けばいい計算になりますね。

私は、この「1週間で5万6000歩」を最低ラインのクリア目標としてがんばるようにしていくといいのではないかと思っています。みなさんはこの5万6000歩という歩数を「ちょっと多い」と感じるでしょうか。それとも、「これくらいならラクに歩ける」と感じるでしょうか。

たぶん、普通の生活をしている人であれば、1週間で5万6000歩をクリアするのはそんなに難しいことではないはずです。この歩数は、トレーニング目的で歩いた歩数だけではなく、**日々のすべての活動時間で歩いた歩数のトータルです。**

つまり、通勤の移動にかかった歩数はもちろん、席を立ってトイレに行った歩数、

ATMにお金を下ろしに行った歩数、スーパーやデパートを歩き回って品定めした歩数など、すべての歩数がカウントされるということ。

こういった日常生活の「ちょっとした歩数」をいちいち加えていけば、少ない人でも1日5000歩くらいは行くはず。特別意識して歩こうと思っていなくても、普段の生活行動で1日8000歩をクリアしてしまっている方もいらっしゃるかもしれません。

それに、この1週間で5万6000歩という数字は、7日間のトータルでクリアできればいいものであり、日によって歩数のでこぼこがあってもかまいません。たとえば、忙しくて4000歩しか歩けなかった日があっても、翌日に1万2000歩以上を歩いて挽回すればいいし、逆に、1万歩歩いた日の翌日は、「昨日の貯金があるから、今日は6000歩でよしとするか」というように考えればいいのです。

あくまで「トータルで5万6000歩＝1日平均8000歩」以上になればよく、自分の都合や体調に合わせて日々の歩数をコントロールしながら、トータル目標をクリアできるように帳尻を合わせていけばいいわけです。

要するに、**ウォーキングは「歩きだめ」が可能なのです。**しかも、ウォーキングの場合、30分間まとめて歩いたとしても、30分を10分間ずつ3回に分けて歩いたとしても、その効果はほとんど変わりません。ですから、私は基本的に「チリも積もれば山となる」の方式で、移動や空き時間をちまちまと小まめに歩きながらトータルの歩数を延ばしていくことをおすすめしています。言うなれば、「**チリツモ・ウォーキング**」です。

もちろんまとまった時間をとってウォーキングをしても全然かまわないのですが、現代の忙しい生活サイクルのなかでは、いろんなしわ寄せによって時間がとれなくなってしまうことが少なくありません。

だったら、「日常の生活のなかで歩数を稼ぐ」と決めてしまって、チリツモで目標達成を目指していくほうが継続性も高くて現実的なのではないでしょうか。

日常の生活で歩数を稼ぐと決めてしまうと、「稼げる時間」はいろんなシーンのなかに見出すことができます。たとえば、ちょっと10分時間が空いたらその辺を散歩してみたり、お昼休みに少し遠い店にランチを食べに行ってみたり、いつもより遠いコンビニに寄り道をしてみたり……そういうふうに「チリツモ」を積み重ねていけばいいのです。そして、〝今日はちょっと歩数が少ないな〟〝今週は目標歩数にちょっと足りないかな〟と感じたときは、帰り道にバス停ひとつ手前で降りて歩いてみたり、いつもは自転車で行くスーパーまで歩いて行ってみたりするなど、多めに歩くような行動をとっていけばいいわけです。

きっと、日々こういう「チリツモ」を意識して歩くようにしていれば、5万6000歩くらい案外簡単に行ってしまうのではないでしょうか。

もし、5万6000歩を毎週のようにクリアできるようになってきたなら、次は「週に6万3000歩（1日平均9000歩）」を目指すようにすればいいでしょう。

さらに、それもクリアできるようになったなら、最終的に「週7万歩（1日平均1万歩）」を目指すようにすればいいのではないでしょうか。

毎日のウォーキング記録で、ダイエットのいい波にのる

いかがでしょう。みなさん、〝これくらいなら、自分にもクリアできるかな〟という気になってきたのではありませんか?

ひとつつけ加えておくと、「チリツモ・ウォーキング」**を実践していくには、歩数計が必携アイテムとなります。**

1日の歩数だけでなく、1週間のトータル歩数がわかる機能がついた歩数計を、いつも携帯しておくようにするといいでしょう。

お風呂に入るときと寝るとき以外はいつも身につけておいて、通勤や移動の歩数だけでなく仕事をしているときや家にいるときの歩数をすべてカウントしていくことをおすすめします。

とにかく、ウォーキングの目標をクリアできるようになってくると、日々着実にエ

ネルギーが消費される流れができて、体内の脂肪が効率よく燃えるようになっていきます。

また、ウォーキングを続けていると、筋トレの作用にも相乗効果が現われてきて、筋肉という工場がより効率よく活動エネルギーを生産できるようになっていきます。

これは、筋トレとウォーキングというふたつの運動習慣が軌道に乗ることによって、**「健康にやせるためのレール」**が敷かれたようなもの。「筋肉量キープ」と「脂肪燃焼」という2本のレールが敷かれたことによって、多少食事を減らしても問題の起こらない「ダイエットのできる体の態勢」が整ったわけです。

そして、このレールが敷かれれば、もう「やせるためのいい流れ」ができたようなもの。あとは無理のない範囲で食事量を抑えつつ、流れに逆らわずに進んでいけばいいのです。

ぜひみなさんも、日々コツコツとトレーニングと歩数を積み重ねて、こうした「いい流れ」をつくっていくようにしてください。

適正体重を手に入れる食事のルール12箇条

3本柱の最後は「適切な食事制限」についてです。

あくまで、ここで述べる食事制限は、筋トレ、ウォーキングのふたつの運動を並行して行なうことが前提です。その前提なくして食事制限を行なってはいけません。運動を伴わない無茶な食事制限がどんなに危険なものであるかについては、これまで見てきた通り。しつこいようではありますが、まずはみなさん、この点をもう一度心に刻んでおくようにしてください。

では、この点を踏まえたうえで、どのようなかたちで食事制限を行なえば〝やせるトライアングル〟をうまく回していくことができるのか。まずはその要点を箇条書きで示してみましょう。

三位一体ダイエットで食事制限を行なう場合のポイント12箇条

その1　現状維持、もしくは「もう少しやせたい」という程度であれば、「腹八分目」に食事量を減らすようにする

その2　「本気モードでやせたい」というときには、「腹六分目」まで食事量を減らすようにする

その3　食事量を減らすのは「腹六分目」まで。それ以上は減らさない

その4　1日3食食べる。食事は抜かない

その5　あくまで、栄養バランスのとれた食事を心がける

その6　たんぱく質をしっかり摂る

その7　肉を遠ざけない。週に数回は肉をメインにしたメニューにする

その8　糖質（ごはん、パン、麺類などの炭水化物、お菓子などの甘いもの）の摂取は控えめにする（ただし、まったく摂らないのはNG）

その9　野菜、きのこ、海藻などの食物繊維はなるべくたっぷり摂る

その10　間食は、できるだけ控える
その11　夜、9時以降は食べない。もしくは、就寝時間の2時間前までに食べ終わるようにする
その12　「ちょっと食べ過ぎた」と思ったら、ウォーキングなどの運動を多めに行なってバランスをとる

いかがでしょう。

みなさんのなかにはこれまで幾多のダイエットを経験してきた方も少なくないでしょうから、どの項目もけっこう「当たり前のこと」に感じるかもしれません。「1日3食食べる」とか「栄養バランスのとれた食事を摂る」とか、〝いまさら言われなくてもわかってるよ〟と思う方もいらっしゃることでしょう。

ただ、何事も大事なのは基本です。こういった基本の約束事がしっかり守られていてこそ、ダイエットをする資格があるんだと思うようにしてください。

知っておきたい「腹八分目」と「腹六分目」の使い分け

では、12の項目のうち、いくつかを補足しておくことにしましょう。

まず、食事量をどれくらい減らすかについて。

箇条書きの最初にも挙げたように、私は**「現状の体型を維持したい、あるいはもうちょっとだけやせたい」というくらいであれば、「腹八分目」**の食事を基本にするといいと思います。

筋トレとウォーキングを行ないつつ、筋肉量や基礎代謝を維持している状態下で〝いつもよりほんの少し少なめ〟くらいの食事量を続けていると、摂取エネルギーと消費エネルギーの量がだいたいトントンくらいになる状況をキープできるはず。インとアウトがだいたい同じだから体型を現状維持していけるわけです。

また、いつもよりちょっと多めに歩いたり活動したりすれば、消費エネルギーが上回って「少しやせたかな」という状況をつくっていくこともできるでしょう。

そして、健康を末永く維持していくためには、こうした状態を続けていくのがいちばんいいのです。

ですから、もしみなさんが「健康維持や病気予防、寝たきり防止のために三位一体ダイエットをやろう」というのであれば、私はこの「腹八分目」のレベルで十分だと思います。

この「腹八分目」をニュートラルな食生活スタイルとして定着させていけば、体の調子もよく、食事もおいしく、体型もキープできるし、ちょっと運動をがんばればやせられるという状態を続けていくことができるのではないでしょうか。

ただ、当然ながら〝現状キープやちょっとやせるくらいじゃもの足りない……もっとやせるにはどうすればいいの？〟という方もいらっしゃることでしょう。そういうふうに本格的にダイエットに取り組みたい場合は、「**腹六分目**」まで食事量を減らすようにするといいでしょう。

筋トレやウォーキングを続けている状態下で食事を「腹六分目」にすると、確実に消費エネルギーが摂取エネルギーを上回るようになってきます。「腹六分目」だと最初のうちは量が足りないし空腹感も感じることでしょう。でも、1週間もすれば、だんだんその量に慣れてくるはず。そして、日々消費エネルギーが使われるとともに着実に体脂肪が減っていくようになるのです。

もっとも、**「腹六分目」はそう長く続けるものではありません。**目標の体重まで落とすことに成功したら、「腹八分目」に戻すことをおすすめします。つまり、いつもは「腹八分目」にしておいて、いざ本気モードのダイエットをするときは期間限定で「腹六分目」にするような感覚で臨むといいのです。

車のギアのシフトチェンジで言えば、普段は「腹八分目」のニュートラルにしておいて、「さあ、やせるぞ」というときは、「腹六分目」にしてギアをトップに入れるようなつもりで行なっていくようにしてはいかがでしょう。

なお、ひとつご忠告しておきますが、**どんなにやせたくとも、「腹六分目」よりも食事量を減らしてしまってはいけません。**「腹四分目」「腹三分目」となると人間の活動エネルギー量として不十分であり、しばしばエネルギー不足に陥るようになります。

それにそこまで食事量を減らしてしまうと、エネルギーの欠乏を筋肉を分解して解消させようというメカニズムが働くようになるので、普段行なっている筋トレだけでは筋肉量減少を補完できなくなってくる可能性が高いのです。

ですから、食事を制限するなら、「腹六分目」のレベルまで。どんなに筋トレやウォーキングをがんばっていようとも、それ以上食事量を減らすのは禁物と心得ておくようにしてください。

筋肉をキープしたいなら たんぱく質は絶対に減らしちゃダメ!

「ダイエットをするなら、絶対にたんぱく質を減らしちゃいけません」——きっと、みなさんも耳にしたことがあるでしょう。

理由はもうお分かりですね。

そう。たんぱく質を減らすと、てきめんに筋肉量が減ってしまうからです。

そもそも、**わたしたちの体は、ほとんどがたんぱく質でできています。**筋肉はもちろん、肌も、髪の毛も、血管も、内臓も、みんなたんぱく質。人間はたんぱく質のおかげで生きていられると言っても過言ではありません。

食事で入ってくるたんぱく質が不足するようになると、体がそれを生命活動の危機と捉えるせいか、自らの筋肉を分解してたんぱくエネルギーをつくり出そうとします。これによってどんどん筋肉が減っていってしまうことになるのです。だから、「どんなにやせたいとしても、たんぱく質だけは絶対に減らしちゃダメ」ということになるわけですね。

それに、たんぱく質は筋肉をつくる原材料です。**いくら筋トレをがんばったとしても、たんぱく質という原材料が入ってこなければ、筋肉は一向に増えてくれません。**

ですから、「筋肉量をキープしながら健康的にやせていこう」というのであれば、たんぱく質の量は減らすことなく、炭水化物や脂肪などの他の栄養素をうまく調整しながら食事量を減らすようにしていかなくてはなりません。

みなさんよくご存じのように、たんぱく質は、**肉、魚、卵、チーズ、牛乳、大豆製品**など、多くの食材に含まれています。基本的には、こうしたさまざまな食材からバランスよく摂取していくようにするといいでしょう。できれば、毎食何かしらのたんぱく質食材を摂るようにしたうえで、ディナーなどでは肉か魚かをメインにしたメニューを組んでいってほしいところです。

とくに、筋肉をキープしていくためには、肉を積極的に摂取していくようにするといいでしょう。豚肉、牛肉、鶏肉、いずれでも構いません。少なくとも週に数回は肉をメインにした料理を摂ることをおすすめします。

ダイエットに熱心な方の場合、「肉は脂肪が多いし、太りやすいからあまり食べない」という人もいらっしゃいますが、食べ過ぎなければそうそう太るものではありません。それに、「脂肪がつくのを恐れて肉を食べないこと」よりも、「筋肉をつけるために肉を食べること」のほうがはるかに大事なのです。

健康なダイエットをしたいのであれば、「肉を積極的に食べるほうが、筋肉がついて成功につながる」と考えるようにすべきでしょう。

ただ、肉を多く摂ると腸内細菌のバランスが崩れがちになる傾向があります。そこで、肉を食べるときには、一緒にたっぷりの野菜を食べるように習慣づけていくといいと思います。野菜、きのこ、海藻などに豊富な食物繊維は、腸内で余分な脂肪分を吸着して体外への排出を促してくれます。このため、たっぷり食物繊維を摂取していると、肉を食べても腸内環境を悪化させないで済むのです。バランスとしては、「**肉をひと口食べたら、野菜をふた口食べる**」というくらいのつもりで、摂るようにしていくといいのではないでしょうか。

たくさん食べても太らない人は糖質の節約上手

さて、ダイエットの話に戻りましょう。

「肉などのたんぱく質は減らしちゃいけない」「野菜などの食物繊維もたっぷり摂る

べき」となると、〝じゃあ、いったい何を減らして食事制限をすればいいの？〟と思っている方もいらっしゃることでしょう。

その質問に答えるならば、やはり「**摂取量を減らすべきは糖質**」ということになります。つまり、ごはん、パン、麺類などの炭水化物や、スナック類、お菓子、ジュースなどを摂るのを控えて摂取カロリーを減らし、ダイエットにつなげていきましょうというわけです。

そもそも、炭水化物や甘いものをはじめとした糖質は、血液中に入るとブドウ糖になり、そのブドウ糖が血糖値を上昇させることになります。そして、体内の余分なブドウ糖が脂肪に変えられてストックされ、肥満へとつながっていくことになるわけです。また、血中ブドウ糖が増えて高血糖の状態が続くと、糖化や糖尿病などのトラブルが進みやすくもなります。

ですから、**糖質の摂取を控えることは、肥満を防ぐことにもなるし、糖化や糖尿病などの病気を防ぐことにもつながる**のです。最近、糖質制限ダイエットが注目されてきているので、こうしたメカニズムに関しては、きっとよくご存じの方も多いのではないでしょうか。

ただし、**私は糖質摂取をゼロにしてしまうのには反対です。**

女性には、ごはんやパンなどの炭水化物が好きな人や甘いものに目がない人が多いものです。そういう「好きな食べ物」を一切摂らないとなると、どうしても「食べられないストレス」がふくらみます。

それに、日本はお米を中心に食文化を発達させてきた国です。ごはんを食べちゃいけないとなると、とたんにいろいろなものが食べられなくなってしまいます。お寿司はもちろん、おにぎりもお茶漬けも牛丼もカレーライスも食べられなくなってしまうのです。こういった日常的なメニューを一切摂らないようにするなんて、現実的に無理というものですよね。

ですから、**糖質に対しては「なるべく控えめにする」**というスタンスでつき合っていくほうがいいのです。

糖質を減らすには、いろいろな手があります。たとえば、ごはん茶碗を小ぶりなものに替えるとか、夕飯だけは炭水化物抜きにするとか、外食ではごはんや麺を半分残すとか、甘いお菓子やケーキを食べるのは運動をがんばったときだけの「特別ごほうび」にするとか……。みなさんも自分なりのルールを決めて「糖質控えめ」を実践していくようにするといいでしょう。

ちなみに私は、**スーパーやコンビニなどで買い物をする際、食材裏面の原材料名をよく読んで、最初から3番目までに「砂糖」「糖質」などの表記があるものは買わないようにしています。**

原材料名の表示は多く含まれている順番で記載することが義務づけられているので、これを習慣づけると、「それまで知らず知らず口に入っていた砂糖」をかなり減らすことができるのです。

まあ、近頃は雑誌やネットなどで「かしこい糖質制限のやり方」や「糖質を減らすコツ」がたくさん紹介されていますので、より具体的な方法については、そういったものも参照してみるといいでしょう。

とにかく、三位一体のダイエットで食事制限をしていくには、たんぱく質の摂取をキープしながら、糖質の摂取をいかにコントロールしていくかがカギとなるのです。

ぜひみなさん、日々筋トレとウォーキングに励みつつ、先の項目で挙げた「12箇条」を守り、かしこく食事量を減らして〝健康にやせるトライアングル〟を回していくようにしてください。

第4章

「筋肉量レコーディング」で一生涯スリムで健康をキープ

病気も寝たきりも遠ざける
とっておきの新メソッド

さて――

前の第3章では、「筋トレ」「ウォーキング」「適切な食事制限」の3本柱を示し、「健康にやせるには、3本柱それぞれにおいてどんなことを行なえばいいのか」をご紹介しました。

この第4章では、3つの柱のバランスを維持しながら、**ダイエットを〝より着実に〟〝より確実に〟成功へと導いていくための「とっておきのメソッド」**をご紹介することにしましょう。

そのメソッドが「**筋肉量レコーディング・メソッド**」です。

何度も述べているように、健康にやせるには絶対に筋肉量を落としてしまってはいけません。ところが、驚くべきことに、これまでは「筋肉量を落とさないという点に主眼を置いたダイエット法」がまったくありませんでした。

だから、この「筋肉量レコーディング・メソッド」では、それを実現して新しいダイエット法として提唱していこうというわけです。

このダイエット・メソッドを実行に移していただければ、筋肉量をキープしたまま、無理なく健康にやせることができるのはもちろん、さまざまな側面で多くのプラスの恩恵を得られるようになっていくはずです。

寝たきりのリスクを減らすことにもつながるでしょうし、老化や劣化を遅らせることにもつながるでしょう。また、きっと若さや美しさを長くキープしていくことにもつながるのではないでしょうか。さらに、このダイエット・メソッドは「健康管理」のためにも力を発揮するので、体のコンディションを好調にキープしたり怖い病気にかかるのを防いだりといったことにも大いに役立ってくれることでしょう。

後で改めて述べますが、私はこの「筋肉量レコーディング・メソッド」を継続していけば、筋肉を減らして寝たきりになることもなく、脂肪を増やして生活習慣病に見舞われることもなく、**ずっと健康をキープしたまま長生きしていくことができる**のではないかと思っています。つまり、このダイエット・メソッドを続けていくことが健康長寿の実現へとつながっていくわけですね。

前に、筋肉はわたしたちにとって「かけがえのない財産」であると申し上げました。この「筋肉量レコーディング・メソッド」は、この財産をしっかり守っていくことによって筋肉の効果を存分に引き出し、自分の人生を輝かせていくためのメソッドなのです。

ですから、ぜひみなさん、このメソッドを実践・継続して、大いに自分の人生を輝かせていくようにしてください。

筋肉量レコーディング・メソッドの基本ルール

では、さっそく「筋肉量レコーディング・メソッド」のやり方をご紹介することにしましょう。

みなさんご存じのように、「レコーディング」というのは「記録する」という意味。つまり、ごく簡単に言えば、筋肉量の推移を記録して、筋肉を落とさないように注意しながら健康にやせていこうということになります。

もっとも、このダイエットで記録していくのは、筋肉量だけではありません。前の章でもご紹介したように、健康なダイエットを成立させるには、「筋トレ」「ウォーキング」「適切な食事制限」という3つのトライアングルをバランスよく回していかなくてはなりません。このため、このダイエット・メソッドでは、**「筋トレ」「ウォーキング」「適切な食事制限」の3本柱それぞれをちゃんと遂行できたかどうかを1日1日記録していくシステム**になっています。

みなさん、161ページの記録表をご覧ください。

見てお分かりのように、表は毎日チェックする欄と1週間ごとにチェックする欄とがあります。

記録する項目をざっと挙げておきましょう。

毎日チェックして記録する項目

筋トレ

5種目行なったら◎をつける
3〜4種目行なったら○をつける
1〜2種目しか行なわなかったら△をつける
筋トレを行なわなかった日は無記入

ウォーキング

その日1日に歩いた歩数を記録する

食事

□「栄養バランスよく腹八分目（腹六分目）」を守れたかどうか
□たんぱく質を十分に摂ったかどうか

□間食をしなかったかどうか

□「夜、9時以降食べない」あるいは「就寝2時間前までに食べ終える」を守れたかどうか

4つとも守れたら◎をつける

3つ守れたら〇をつける

1～2つは△をつける

全部守れなかった場合は×をつける

体重

その日の体重（キログラム）を記録する

1週間ごとにチェックして記録する項目

筋肉量

体組成計で筋肉率（％）を測って記録する

1週間のウォーキングの状態

その週のトータル歩数と1日平均歩数を記録する

1週間の食事の状態

その週に◎がついた日が何日あったかを記録する

1週間の体重の変化値

1週間でどれだけ体重が変化したかを記録する（プラス○キロ／マイナス○キロ）

❶週目

月　日 〜　月　日	日	月	火	水	木	金	土	1週間チェック
筋トレ								筋肉率 %
食事								◎の数 個
ウォーキング	歩	歩	歩	歩	歩	歩	歩	合計　歩 ｜ 平均　歩
体重	kg	kg	kg	kg	kg	kg	kg	日曜と土曜の比較 ±　kg

いかがでしょう。

いくつか補足をしておくと、筋トレは110ページで紹介したメニューを行なっていくことになります。ただ、必ずしも毎日行なう必要はないし、5種目全部行なう必要はありません。前にも述べたように、**最低週3日、1日3種目**をクリアするようにしてください。1週間でこのラインをクリアできれば合格であり、それ以上できれば上出来と思うようにしましょう。

そして、1週間経ったら、体組成計で筋肉率を測ります。**測ってみて、筋肉量が以前と変わっていなければOKです。**

もし、筋肉量がほんの少しでも増えてい

れば大成功。トレーニングがとてもうまく進んでいるサインと考えていいでしょう。逆に、筋肉量が下がっているようなら、それはトレーニング量が足りていない証拠。そういう場合は、食事量を減らすのを一時的に中断して、筋トレをがんばるようにしてください。とにかく、1週間ごとにチェックをして筋肉量を絶対に落とさないようにコントロールしていくことが、いちばん大事なポイントなのです。

食事の項目は、あまり厳しく食事をチェックしてしまうとストレスがたまりやすくなるので、あえて大まかに記録するようにしてあります。太らないために必要な4つの注意事項を守れたかどうかをチェックしていくかたちをとっていますが、たまに守れない日が出てくるのは仕方ありません。**1週間で○か◎が5個以上つけば合格、3個だったらもうちょっとがんばろうというくらいの「ゆるさ」で取り組んでいけばいい**のではないかと思います。△や×が多くなってきたら少し反省して、食事を立て直していくようにしてください。

ウォーキングは第3章で述べたように、**1週間で5万6000歩を目標**に歩くようにしてください。常に歩数計を持ち歩き、1日1日歩数を書き込んで、週のトータル歩数で目標をクリアするようにしていきましょう。また、「1週間で5万6000歩」をラクにクリアできるようになった場合は、次は「6万3000歩」「7万歩」というようにレベルアップさせていくといいでしょう。

体重は、基本的に毎日記録し、1週間経ったら、7日前とどれくらい変化したかのプラス・マイナスを記入するようにしていきます。このレコーディングを続けていれば、食事で◎や○が多かった週やウォーキングをがんばった週は、体重がちゃんと落ちているのがわかるようになっていくはず。そういった傾向に注目しながら、筋肉量を維持しつつ、体重を減らしていけばいいわけです。

なお、**体重をチェックするのは、「夜の入浴前」か「寝る前」**の時間帯がいいと思います。もし、1グラムでも正確な体重を測りたいという場合は、入浴前、裸になった状態で体重を測って記録します。それほどこだわりがなければ、夕食や入浴を済ませてパジャマ姿になり、あとはもう寝るだけというタイミングで体重計に乗って記録するようにしていけばいいでしょう。そして、その際に、その日の筋トレ状況や歩数、食事状況の項目も記入してしまうようにしてください。

また、**1週間ごとのチェックは、日曜日の朝に行なうようにするのをおすすめします。**なぜなら、休みの日の朝がいちばんゆっくりできるから。自分のその週のコンディションをチェックして反省するには、時間に余裕があるときのほうがいいし、その週の節目のほうがいいのです。ですから、日々のレコーディングは日曜日の夜から土曜日の夜まで毎夜行なって、その7日間のトータルを日曜日の朝に記入してゆっくり振り返るというパターンが基本となります。

日曜が休みでない方は、自分の1週間の生活パターンに合わせて適宜変えて行なってください。ぜひみなさん、こうした基本ルールにのっとって、「筋肉量レコーディング・メソッド」を日々の生活リズムに組み込んで続けていくようにしましょう。**巻末に1か月分の記録シートを用意しました。**コピーなどをしてご活用ください。

記録シートは、小社ホームページからもダウンロードいただけます。URL (http://www.asukashinsha.co.jp/book/b201208.html) を打ち込むか、飛鳥新社ホームページ内で本書名を検索しますと、『寝たきり老人になりたくないならダイエットはおやめなさい』のページに移動します。ページ下部にダウンロードリンクがありますので、そちらをご活用ください。

筋肉量は「減らなければ十分合格」と心得る

「筋肉量レコーディング・メソッド」は、筋肉量のキープをベースにしながら、「筋トレ」「適切な食事制限」「ウォーキング」のトライアングルをバランスよく回転させることによって減量していこうというメソッドです。

これからみなさんに実践していただくにあたり、いくつか気をつけてほしい点をアドバイスしておきましょう。まず、あらかじめみなさんに知っておいてほしいのは、**筋肉量は体重のように大きく変化しない**ということです。体重は食べた量や運動量次第で日によって値が変化します。2、3日で1キロくらいやせたり太ったりすることも決してめずらしくはありません。

しかし、筋肉量はそうすぐには変化が現われません。毎日筋トレをがんばったとしても、筋肉量が微増してくるのはせいぜい2週間後くらい。1日3種目、週3日のペースで行なうとすると、たぶんスタート1か月後あたりに少し筋肉量が増えてくるかどうかというくらいだと思います。

ですから、筋肉量の数値に関してはそう焦らないほうがいい。筋肉量が増えることはそんなに期待せずに、「量を維持できていれば十分合格」と思うようにしていくといいでしょう。そして、「筋肉量を維持している状態の下でどれだけ体重を減らせたか」に着目していくといいと思います。

基本的には、「筋肉量が維持できていて、体重がじわじわと落ちてきているのなら、ダイエット大成功」、もし「筋肉量が以前よりもアップしたうえ、体重がじわじわと落ちてきているのなら大大大成功」というようなスタンスで臨むようにしていくといいのではないでしょうか。

それと、この「筋肉量レコーディング・メソッド」の大きなメリットは、**その時点のレコーディング記録表から自分の状況をつかんで「どうすればもっとやせるのか」**

を把握しやすいところです。

たとえば、「筋肉量がキープできていて、食事の節制もまあまあがんばっている。でも、もうひとつやせてこない」という場合は、ウォーキングに力を入れればよりいっそう脂肪燃焼が高まってやせていくことになります。

また、「筋肉量がキープできていて、ウォーキングもがんばっている。でもあまり体重が減ってこない」という場合は、食事の節制が足りないということになります。そういうときは、食事の節制にもっと力を入れて取り組むようにすれば、よりいっそう体重を落とせるようになるというわけです。

そして、いちばん気をつけていただきたいのが、筋肉量が減ってきたときです。「食事の節制もウォーキングもがんばっているのに、筋肉量が減ってきてしまった」という場合は、食事の節制をがんばり過ぎてしまっているか、筋トレが足りないかのどちらかが原因です。

そういう際は、いったん食事制限を中断したうえで、筋トレに力を注ぐようにしてみてください。そのうえで、筋肉量が回復してきたら、食事制限を再開するようにするといいでしょう。

あくまで、食事制限は筋肉量がキープされている状態の下で行なわれるべきもの。これまで繰り返し述べてきたように、**筋肉量が減っているにもかかわらず食事制限を進めてしまうのは、老化や劣化を進めて寿命を縮める原因となります。**絶対に禁物だと心得ておきましょう。

逆に言えば、毎週体組成計をチェックして、筋肉量が増えているか、維持できているか、いずれかの状態であれば、そのままのペースで食事制限を進めても何ら問題はないということになります。つまり、筋肉量の推移は、「このままの状態でダイエットを続けていっても大丈夫か、それともいったん立ち止まって気をつけたほうがいいのか」の判断の基準となる指標なのです。

言ってみれば、**「筋肉量アップ／現状維持」は、〝このまま進め〟の青信号サイン、「筋肉量減少」は、〝危険！　そこでストップ〟の赤信号サイン**のようなもの。赤信号を無視して大事故を招いてしまってはいけません。

みなさん、筋肉量という信号をよく守り、青信号サインがちゃんと点灯している状態をキープしながら、安全第一のダイエットを進めていくようにしましょう。

筋肉量が減らなければ、3か月で10キロまでなら落としても大丈夫

ところで、みなさんは、「健康にやせる」のにはどれくらいのペースでやせていくのがベストだと思いますか？

よく、お医者さんの本などには、「1か月に1キロペースでゆっくりやせていくのが理想」といったことが書いてあります。100キロを超えるような超肥満者なら、もっとたくさん減量しても大丈夫なのですが、まあ、普通の体型の人やちょっと太めくらいの人であれば、**「1か月に1キロ」は妥当な線**だと思います。

ただ、みなさんも経験したことがあると思いますが、「1キロ」ってあまりやせた感じがしないんですよね。1キロくらいだと、外見もあまり変わりませんし、「やせ

た」という達成感もたいしてありません。1キロだと、周りの人もその変化を分かってくれないでしょう。

でも、**「筋肉量レコーディング・メソッド」であれば、もっと落としても大丈夫**なのです。筋肉量さえちゃんと維持していれば、「1か月に2〜3キロ」落としても問題ありません。毎週筋肉量をモニターして「安全かどうかの信号」を確認しているからこそ、そこまで欲張って落とすことが可能となるわけです。

そして、2〜3キロやせると、ダイエットのがんばりが見た目に反映されてくるようになります。1キロでは感じられなかった変化も、2〜3キロとなれば〝なんだか変わった〟〝ちょっとほっそりしてきた〟〝体が軽くなった〟という変化として感じられるようになってくるものなのです。

さらに、「1か月に2〜3キロ」ペースのダイエットを3か月続けたとすれば、6〜9キロやせることになります。勢いがついてくれば3か月で10キロやせる人もいらっしゃるかもしれません。おそらく、それくらいまでやせれば、見た目も明らかに変わってきますし、「やったー！ やせたぞー！」という達成感も十分に味わえることになるでしょう。

要するに、筋肉量をキープし続けていれば、それくらいのペースで体重を落としたとしても差し支えないのです。

ただし、調子に乗ってそれ以上落とそうとするのはやめておいたほうがいいでしょう。**人間には「ホメオスタシス」といって現状の体内の恒常性のバランスを維持しようという機能があります。**あまりに早いペースでやせてしまうと、ホメオスタシスの均衡が崩れてホルモン分泌や自律神経などの機能に問題が起こりやすくなってくる場合があるのです。

ですから、たとえ筋肉量を維持していたとしても、**上限は「1か月で3キロ」「3か月で10キロ」**までにとどめておいたほうが無難。もし、そんなに急がず、より健康なペースでやせていきたいのであれば、最初の1〜2か月は「1か月で2〜3キロ」ペースで行き、その後は「1か月1キロ」のペースで焦らずゆっくりやせていくようにして、最終的に半年で6〜10キロくらいやせるのを目指していくようにするといいのではないでしょうか。

いずれにしても、この「筋肉量レコーディング・メソッド」であれば、健康な体内状況を維持しつつ着実なペースでやせて、しかも、達成感のあるレベルまで体重を落としていくことが可能なのです。

もちろん、筋肉量を維持していれば、リバウンドすることもありません。ダイエットの目標をクリアしたならば、その後もレコーディングを続け、筋肉量を下げないように注意しながらベスト体重をキープしていくようにするといいでしょう。そうすれば、末永くスリムで美しい体型を維持していくことができるのではないでしょうか。

体組成計と歩数計を味方につければ健康づくりの効率がいっそうアップする！

体組成計と歩数計——。このふたつは、「筋肉量レコーディング・メソッド」を行なうための必携アイテムとなります。**ダイエットを成功させるためのパートナー**と言ってもいいでしょう。
この〝パートナーたち〟を味方につければ、ダイエットの効率はいっそう高まっていくはず。ここでは、これらのアイテムとのつき合い方について述べておくことにしましょう。

まず、**体組成計**です。

筋肉量の推移をモニターするには、これがなくては始まりません。私は、筋肉量の定期チェックはすべての人にとって必要な習慣だと考えています。寿命が延びて、筋肉量の多寡《たか》がその人の老後の人生のカギを握るようになったいまは、誰もが早いうちから筋肉をつけてキープしていかなくてはなりません。だから、筋トレをする人やダイエットをする人だけでなく、すべての老若男女が筋肉量をチェックする習慣をつけるようにしていくべきなのです。

測り方として注意しておく点がいくつかあります。

意外に知られていないのですが、「**裸足で測ること**」と「**濡れた足で測らないこと**」の2点を守るようにしてください。

体組成計は、体内の水分量から筋肉の量を割り出しているため、靴下を履いたままの足裏が湿った状態、お風呂上がりで足が濡れているような状態だと、足の水分のせいで正しい測定ができなくなってしまうのです。

ですから、お風呂に入る際に測定するならば、入浴後ではなく、入浴前に裸になって測るようにしてください。就寝前に測る場合も、必ず靴下は脱いで、裸足で測るようにしましょう。

それと、筋肉量は測定する時間帯やシチュエーションで多少変わってきますので、**筋肉量チェックの際は、同じ時間、同じ状況で測定するのを習慣にする**ことをおすすめします。朝のシャワーの前に測るとか、夕食後や就寝前に測るとか、「いつもこの時間のこのタイミングで必ず体組成計に乗るようにする」と決めてしまうといいでしょう。

なお、日本で販売されている体組成計には大きくふたつの表示方式があります。ひとつはオムロンなどのメーカーが採用している「パーセント」で筋肉率を表示する方式。もうひとつはタニタやパナソニックなどのメーカーが採用している「キログラム」で筋肉量を表示する方式です。どちらも体の水分量から筋肉量を換算して割り出しているのは一緒なのですが、その筋肉量換算の際に基準としているアルゴリズムが違っているんですね。

ただ、どちらの方式の体組成計を使おうとも、そう大きな違いはないと言っていいでしょう。筋肉量をモニターしていく際、いちばん大事なのは変化値。すなわち、以前とくらべて数値がどう変化したかということです。要するに、パーセント表示にせよ、キログラム表示にせよ、以前と変わらなければ「筋肉量をキープできている」ということ。以前より上がっていれば、「筋肉量がついた」ということであり、以前より下がっていれば「筋肉量が減ってしまった」ということ。その変化の推移がちゃんと把握できていることが重要なわけです。

もっとも、私は研究の都合上、パーセント表示によって指標を作成しております。サルコペニアの危険度レベルなどもパーセント表示で表わしているので、これから体組成計を購入しようという方は、パーセント表示のものにしたほうが分かりやすいという点はあるかもしれません。

運動のモチベーションをあげてくれるたのもしいコーチ

次に、歩数計についてです。

前にも触れましたが、歩数計は「1日の歩数」とともに「1週間のトータル歩数」が測定できるものを選んでください。いちいちクリップなどで装着しなくても、服のポケットに入れておきさえすれば測定できるタイプのものが便利だと思います。そして、その歩数計を**お風呂に入るときと寝るとき以外は、四六時中いつも携帯するようにしておく**のです。

眼鏡をかけている人であれば、お風呂のときと寝るときは外しますが、それ以外はずっと眼鏡をかけてますよね。それと同じような感覚で歩数計を常にポケットに入れておくようにするといいでしょう。服を着替えたときは、ポケットからポケットへと忘れずに移し替えるようにしてください。そうすれば、1日の活動中のすべての歩数をカウントでき、家で過ごしているときの歩数などもそこに組み入れていくことができます。また、最近はｉＰｈｏｎｅでも歩数や階段を上がった階数を記録できるアプリがあるので、利用してみるのもいいでしょう。

このように歩数計を日々持ち歩いていると、「こういうふうに1日を過ごすと、これくらいの歩数が稼げるんだ」というパターンがだんだんつかめてきて、そのうち「今日はいつもよりちょっと少ないかな」「今日は余裕で８０００歩くらいは行っているな」といった感覚が分かるようになってきます。

きっと、続けているうちに、「いま、どれくらいの歩数になっているかな」ということがいつも気にかかるような状態になってくることでしょう。

そして、そういうふうに頭の隅に歩数のことがあると、ちょっと時間が空いたときに「**この隙に少し歩数を稼いでおこうか**」とか、仕事から帰宅する際に「**今日歩いて帰れば、目標クリアがだいぶラクになるな**」とかと考えるようになっていくものなのです。ぜひ、こういう感覚を大切にしながら、1週間のトータル目標をクリアしていくようにしてみてください。

とにかく、**体組成計や歩数計は、みなさんのトレーニングやダイエットを陰で支えてくれるコーチのような存在なのです。**

ぜひ、その助けを借りて、より健康で美しい体をつくっていくようにしてください。きっと、コーチの示す数字や目標は、みなさんのトレーニング意欲を駆り立てて、より良い方向へと導いてくれることでしょう。

自分の「体の中身」がどうなっているかをイメージするすごい効果

レコーディング、すなわち記録をすることとは、モチベーションのアップにつながります。

スポーツや勉強などでもそうですが、自分ががんばってきたことの成果が数字として確認できると、「よし、いいぞ」「次はもっとがんばるぞ」という気持ちになるもの。

もちろん、ダイエットも同じです。たとえ、たった100グラムの減量であっても、がんばってきた成果が体重計の目盛りに反映されていると、自分の努力が認められたような気がしてうれしくなってくるものです。

このため、毎日体重を量って記録していると、そのたびに「お、順調に下がってるな」「やった！ 今日はこんなに落ちた」というよろこびが味わえるようになり、日々体重計に乗るのが楽しくなってくるのです。つまり、**レコーディングをすることによって、脳のモチベーションが高まり、ダイエットに対して〝本気モード〟になっていく**わけですね。

ひと昔前に流行した「レコーディング・ダイエット」も、こうした〝記録のマジック〟をうまく利用したものだと言えるでしょう。このダイエットは、その日に食べたものやカロリー数、体重などをつぶさに記録してやせるパターンをつかみ、日々体重を減らしてどんどん脳をその気にさせていこうというものでした。

ただ、**この「レコーディング・ダイエット」では、残念なことに運動の視点が欠落していたのです。**運動なしでは、脳がその気になってやせたはいいものの、筋肉まで落とすことになってしまいます。筋肉を落とすダイエットがどういう結末を招くかは、もうみなさん十分お分かりですね。なかには、このダイエットにチャレンジして、あえなくリバウンドされた方もいらっしゃるかもしれません。

私が提唱する「筋肉量レコーディング・メソッド」は、あくまで体重ではなく「筋肉量のレコーディング」に主眼を置いたもの。だから、筋肉量が落ちることもなければ、リバウンドすることもありません。

もっとも、〝記録のマジック〟によって脳をその気にさせていくという点は、「筋肉量レコーディング・メソッド」でも十分に生かされています。筋肉量や体重だけでなく、ウォーキングの歩数や食事の状況を日々レコーディングしていると、「よし、こっちはOKだな」「うーん、こっちの項目はあと一歩かな」「こっちはまあまあいい感じだぞ」というように、記入時に各項目を点検するような習慣がついてきます。

こういう記録時の点検によって、「**より健康に、より安全に、より確実にやせてやるぞ**」といったモチベーションが高まってくるようになるのです。

そして、継続していくうちにこういったモチベーションが高まってくると、「筋トレ」「ウォーキング」「適切な食事制限」という〝やせるトライアングル〟がうまく回り始めて、じわじわと体重が落ちてくるようになります。

体重が減ってくれれば、1日1日レコーディングをするたびに「やった！　結果が出てきた」「いいぞ！　これこそが健康なダイエットなんだ」といったよろこびを感じられるようになることでしょう。

これによって脳がいっそうやる気になって、どんどんいい流れになっていくわけです。

「記録する」と体も脳も変わる

また、「筋肉量レコーディング・メソッド」を行なっていると、自分の体の内部状況に対する意識が大きく高まります。

どういうことかというと、日々筋トレを行なっているときに、「このトレーニングの一つひとつが筋肉量のキープにつながっているんだな」と思うようになったり、ウォーキングをしているときに「この一歩一歩が脂肪燃焼につながっているんだな」と考えるようになったりして、**〝自分の体の中身の状況〟をイメージすることが多くなってくる**のです。

そして、筋トレやウォーキングなどを1週間がんばってレコーディング表に記入をすると、実際に「筋肉量はちゃんとキープされているし、脂肪も着実に燃えて体重が減ってきている」ということが数字に出ているのがはっきり見て取れます。つまり、自分の日々の行ないが体の中身の状況を着実に変えて、その変化が数字に反映されてくるのが実感として分かるようになるのです。

私は、こういう〝感覚〟は、人間が健康を維持していくうえでとても重要だと思っています。

言ってみれば、この「筋肉量レコーディング・メソッド」は体の中身の割合の変化を記録していくメソッドのようなもの。自分の体の内部状況を観察・記録しながら無理なくやせていくための方法論なのです。

　ですから、ぜひみなさんも、筋肉や脂肪などの自分の中身がいまどうなっているのかということをイメージしながら、「筋肉量レコーディング・メソッド」を行なってみてください。日々レコーディングする数字の変化に「自分の体内状況の変化」を重ね合わせてみてください。

　そのようにレコーディングをしながら体の中身に注意を払っていれば、先に述べたサルコペニア肥満を未然に防げるようになるのは確実です。また、ダイエットもよりいっそう成功しやすくなるでしょうし、健康をキープしたり病気を予防したりする力も大きく高まっていくことでしょう。

　きっと、レコーディングをして**自分の体の状況に思いを馳せることは、体や脳の「もっとよくなりたい」「もっと健やかになりたい」といった力を引き出すことにつながっていく**ものなのでしょうね。

スタート2週間後のこんな「いい変化」に注目してみよう

みなさんのなかには〝このダイエットをすると、いったいどれくらいの期間で効果が現われるんだろう〟という点が気になっている方もいらっしゃるのではないでしょうか。

まず、この疑問にお答えしておくと、体にいい変化が現われてくるのはダイエットをスタートしてから2週間後くらい。

さらに、3つのトライアングルがうまく回り始めて日々着実に体重が減ってくるようになるまでには、だいたい1か月前後の時間を見ておいていただければと思います。

「筋肉量レコーディング・メソッド」を始めてから2週間くらい経つと、おそらく、「疲れにくくなった」「体調がよくなった気がする」「体が軽々と動くようになった」といった変化が現われてくると思います。

まだ、さほど体重は落ちていないかもしれませんし、筋肉量も変化がないかもしれませんが、こうした体調変化は、「筋トレ」「ウォーキング」「適切な食事制限」のトライアングルによって脂肪が消費される体内状況が整ってきたというサインなのです。

ただ、この〝やせるトライアングル〟は、あくまで「整ってきた段階」であり、スムーズに回り始めたというわけではありません。言わば、まだ試運転のような段階。トライアングルが本格的に稼働するには、だいたい30日、つまり1か月程度の時間が必要なのです。

そして、**ダイエットを始めて1か月くらい経つと、いよいよ〝やせるトライアングル〟が本領を発揮し始めるようになります。**

「筋トレ」「ウォーキング」「適切な食事制限」の3つをしっかり行なっていれば、日1日と体重が落ちてきて、多くの人がダイエット効果を実感できるようになるでしょう。筋トレをまじめにやってきた人は、筋肉量も増えてきているかもしれません。

また、体調も、体のキレも、体の軽さ、疲労回復の早さ、それに肌の調子なども、ダイエットを始める前と比べると明らかに向上したと感じるはずです。筋トレをするにしても1日のノルマをラクにこなせるようになってきますし、ウォーキングをするにしてもスピードに乗ってすいすい歩けるようになってくるでしょう。

つまり、1か月くらい経つと、体力や運動能力がついてきているのが実感としてわかるようになるのです。

レコーディング1か月で「脂肪が燃やせる体」ができる

どうして、ダイエット開始1か月後くらいにこうした効果が現われてくるのか。簡単に説明しておきましょう。

前に、筋肉は「体の中のエネルギー生産工場」だと申し上げましたが、この工場では主に糖や脂肪を原料にエネルギーを生産しています。**筋トレを継続して行なっていると、この工場の規模が少しずつ大きくなり、原料の脂肪が多く使われるようになっ**

てきます。

つまり、筋肉という工場において脂肪の需要が高まるわけですね。そして、このときに適切なかたちで食事制限を行なっていれば、材料の脂肪や糖が少ししか入ってこないような状況となります。そうすると、筋肉という工場が原料不足にならないように、体のあちこちにたまっていた「余分な脂肪」が工場へとさかんに輸送されてくることになるわけです。

しかも、このときにウォーキングをちゃんと行なっていると、**体内の毛細血管《もうさいけっかん》が増えてきて、筋肉という工場に原料やエネルギーを出し入れする輸送パイプライン網が配管されるようになります。**

すると、工場の脂肪需要が高まっているところへ血管輸送網が整備されることにより、ここぞとばかりに体内の余分な脂肪が工場へと運ばれてくるようになるのです。

さらに、ウォーキングを続けていると、筋肉内の燃焼機関である**ミトコンドリアも増えてきて、多くの燃焼炉で多くの脂肪を燃やせるようにもなってきます。**

このように、「筋トレ」「ウォーキング」「適切な食事制限」というトライアングルが回り出すと、体内で脂肪を燃やすシステムが着々と整ってくることになるのです。トライアングルが本格稼働し始めれば、筋肉への脂肪取り込み率が高まって、体内の脂肪がどんどん工場へと流れていくようになるでしょう。

それはさしずめ、「体内の脂肪を工場へと送るベルトコンベアー」のスイッチボタンが押されたようなものかもしれません。このボタンが押されると、体のあちこちから脂肪が集まってきて、次から次へと工場へ送られ、工場内の燃焼炉で次々に燃やされてエネルギーに変えられていくようになるのです。

要するに、こういうふうに脂肪がどんどん使われていく「いい流れ」ができるまでに、だいたい1か月くらいの時間がかかるのです。

この「いい流れ」ができれば、健康にやせるスイッチがオンになったようなもの。ベルトコンベアーを止めないかぎり、体の中の脂肪はいい流れで使われ続けていくことになります。「筋トレ」「ウォーキング」「適切な食事制限」のどれかをやめたり食事のバランスを崩したりしないかぎり、スムーズにやせることのできる流れをキープしていくことができることでしょう。

なお、このトライアングルが稼働することでオンになるのは「やせるスイッチ」だけではありません。「**体がよく動くスイッチ**」「**疲労が早く抜けるスイッチ**」「**体調がよくなるスイッチ**」「**肌がきれいになるスイッチ**」といったスイッチボタンが次々に押されてオンになっていくのです。

さらに、これらのスイッチがオンになると、ベルトコンベアーの回転がいっそうよくなって、アンチエイジングのスイッチが押されるようになります。すなわち、体の動きも、内臓の働きも、見た目の美しさも、どんどん若返っていく「いい流れ」に乗っていけるようになるわけです。

ですからみなさん、ぜひとも、「筋肉量レコーディング・メソッド」を実践に移して、やせるスイッチだけでなく、体のいろいろなスイッチをオンにしていくようにしてください。

「筋トレ」「ウォーキング」「食事」のトライアングルの力を引き出して、「いい流れ」に乗っていくようにしてください。そして、いつまでも体の中のベルトコンベアーをいい感じで回していくようにしましょう。そうすれば、どんなに歳をとろうとも、若々しい輝きをキープしていくことができるのではないでしょうか。

レコーディングの習慣は一生モノの宝になる

「筋肉量レコーディング・メソッド」は、ただ単にやせるためだけのメソッドではありません。ずっと続けていけば、究極の健康管理メソッドとなります。

だってみなさん、考えてもみてください。

筋肉量をキープしていれば、運動能力を低下させたり寝たきりになったりするリスクを防ぐことになります。食事を節制していれば、肥満になるのを防いで生活習慣病になるリスクを減らすことにつながります。

それに、ウォーキングを続けていれば、動脈が柔らかくなってくるので動脈硬化を防ぐことにつながりますし、心肺機能を高めたり血圧を下げたり血行をよくしたりといったさまざまの健康効果も期待することができます。

「筋肉量レコーディング・メソッド」を継続的に行なっていれば、こんなにも多くの効果が得られるのです。健康管理としては、ほぼカンペキと言っていいのではないでしょうか。

ですから、ぜひみなさんには、〝目標体重までやせたからこれで終わり〟ということではなく、このダイエット・メソッドを長く続けていっていただきたいと思います。できることなら、一生涯レコーディングを続けて、**健康マネジメント**に役立てていくのはどうでしょう。

おそらく、一生にわたって続けていけば、大きな病気やトラブルに悩まされることもなく、体がピンピンした状態のまま長生きして、健康長寿をまっとうすることができるのではないでしょうか。

私は15年以上前からシニア向けの運動教室を主宰しています。教室で行なっているメニューは筋トレが中心ですが、参加者の方々にはそれだけでなく普段からよく歩いたり食事を節制したりするようにしていただいています。

つまり、「筋肉量レコーディング・メソッド」と同じように、「筋トレ」「ウォーキング」「適切な食事制限」の3本柱をうまく回していくように指導しているわけです。

みなさん、これをずっと継続していると、参加者の方々がどのように変わっていくと思いますか？

まず、体力年齢がぐんぐん若返っていきます。

私たちの教室では、**体力年齢が10歳や15歳若返るのは、ほとんど当たり前のようなものとなっています。**なかには、70歳の方が50歳の体力年齢にまで戻ったというケースもあるのです。その方の場合は、20歳もの若返りに成功されたということになりますね。

また、健康診断の数値も軒並み向上していく方がほとんどです。「血糖値が下がった」という人もいれば、「血圧が安定するようになった」という人もいます。「風邪をひかなくなった」という人もいますし、「すべての数値がよくなってお医者さんからほめられた」という人もいます。なかには、肥満、脂質異常症、脂肪肝、アレルギーなどの病気を治すことができた人もいます。

そして、どの方も共通して「体調がよくなった」「体がよく動くようになった」「あまり疲れなくなった」といった変化をとてもよろこばれています。

それに、精神的にも若返ってくる方が多いのです。

たぶん、**体の輝きが戻ってくると、心も輝き始めるものなのでしょう。**参加されている方々はどの方も明るくてポジティブです。運動教室を始めてから、いろんなことに積極的になってきて、新しい仕事にチャレンジしたりボランティア活動に取り組んだりするようになった方も数多くいらっしゃいます。

運動教室の参加者の方々は、平均65歳なのですが、これを続けていれば、みんなそろって100歳超えするのではないかというくらい、どの方も元気に満ちあふれています。

ですから、私は、この「筋肉量レコーディング・メソッド」で3つの柱をうまく回していけば、多くの方々が健康長寿を実現できるようになるだろうと確信しているのです。

みなさんも、一時的なダイエットでこのメソッドを終わらせてしまうのはもったいないないと思いませんか？

どうせなら、10年、20年、30年とずっと続けていって、一生涯の健康を保っていきましょう。そして、寿命が尽きるまで、心身の美しい輝きをキープしていこうではありませんか。

第5章

筋肉の力を引き出せば
すべてがうまく
回り始める！

「食べられなくなることは生きられなくなること」は生物の大原則

当たり前のことではありますが、わたしたち人間は食べなければ生きてはいけません。

人間に限らず、すべての動物にとって「食べること」は命を維持するために絶対に欠かせない条件。そして、たいていの動物はさかんに動き回ることによって食べ物を獲得しています。

逆に言えば、自力で動き回れなくなったなら、その動物は食べ物にありつけなくなってしまいます。だから、多くの野生動物にとって、動けなくなることは食べられなくなることにつながり、**食べられなくなることは生きられなくなること＝死**につながっていくわけです。

すなわち、動けなくなること、動かないことは、死に直結しているのです。

私は、これは人間も同じだと思います。

いまは電話1本でピザが届くし、パソコンのボタンをクリックするだけで産地直送のおいしい食べ物を玄関で受け取れる時代です。ろくに動かなくとも、簡単に食べ物にありつくことができます。

しかし、本来であれば、人間もあっちこっち動き回らなければ食べていくことができないし、動くことによって生命をつないでいくようにできている生き物だと思うのです。

だってみなさん、狩猟採集時代であれば、さかんに動き回らなければ獲物をゲットすることができませんし、果物や木の実だって集められませんよね。おそらく、当時は**「動かざる者、食べるべからず」「動かざる者、生きるべからず」**というような苛酷な環境だったのではないでしょうか。

この時代の人々にとって、「あっちこっちを広範囲に動き回れること」は生き永らえていくための命綱のようなもの。体を動かせなくなったら狩猟も採集もできなくなって食べていくことができなくなり、死を覚悟するしかなかったわけです。

そして、体を動かすために欠かせないのが筋肉。食べるためには体を動かさねばならず、体を動かすためには、筋肉が必要となります。縮めて言うと、食べるためには筋肉が必要、生きるためには筋肉が必要ということになりますね。

筋肉を減らしてしまうと、人はだんだん動けなくなり、だんだん食べられなくなっていってしまいます。筋肉を減らすことが、てきめんに寿命を縮めることへとつながっていくわけです。

ですから、長く生きていきたいのであれば、しっかり筋肉をつけて、しっかりと体を動かして、しっかり食べていかなくてはなりません。

要するに、ちゃんと人生をまっとうしたいのなら、筋肉を大事にして体を動かせということ。いつまでも元気に動き回っていたい、いつまでも食べていたいのであれば、早いうちから筋肉をつけてキープに励んでいくべきなんですね。

ところが多くの現代人は、これと逆行した行動をとっています。ろくに体を動かさないまま1日の大半の時間を過ごし、みすみす筋肉を落としてしまっています。ろくに体を動かさないまま食べたいだけ食べて、脂肪ばかりをどんどん増やしてしまっています。

あげくの果てに、脂肪を落とそうと、無茶な食事制限にでも走ったらどうなるでしょう。

みなさんお分かりのように、ただでさえ少ない筋肉をごっそりと減らし、いっそう寿命を縮めることになってしまいます。

つまり、体を動かさないまま食事を減らすという〝本来の姿とはまったく逆の行動〟をとることによって筋肉量を落とし、それによって**自分から「動き回れる期間」「食べられる期間」「生きられる期間」を短くしてしまっている**のです。

このように考えると、運動をせずに食事制限だけに頼ってやせようとするダイエットが、いかに生物学的におろかしい行為であるかお分かりいただけるのではないでしょうか。

「食べたら動く」は必ずセットメニューで考える

ともあれ、人間の生存戦略上、「食べること」と「体を動かすこと（筋肉を動かすこと）」はとても奥深いところで結びついているのです。

人間は動いて食べるようにできていると言ってもいい。「食べること」と「動くこと」の両者はもともと不可分であり、本来は「セットで考えるべきもの」なのではないでしょうか。

ですから、本当であれば「食べるんだったらその前に体を動かす」「食べた後は必ず体を動かす」「体を動かしたから食べられる」といったように、**「食べること」と「動くこと」をいつも〝セットメニュー〟のようにつなげて考えていく**のが正しい姿なのでしょう。

また、この〝セットメニュー〟、現代においてはどうしても「食べる」ほうの比重が多くなってしまいがちですから、わたしたちは極力意識して「食べたら動く」を習慣づけていく必要があるのでしょう。たとえば、食事を摂ったら必ず消費のことを頭に浮かべるようにして、「食べたら必ず15分歩くようにする」とか「食べ過ぎてしまったら、その分よけいに運動する」とかといった行ないを自分に課していくといいのではないでしょうか。

みなさんの場合はいかがでしょう。「食べたら動く」をセットとして実践することができているでしょうか。

きっと、自信のない方も多いかもしれません。

でも、大丈夫。「筋肉量レコーディング・メソッド」を実行していただければいいのです。

このメソッドの最大の特徴は、**「食べること」と「動くこと」の収支バランスを整えていくことにあると言ってもいいのです。**

日々「筋トレ」「ウォーキング」「食事」の3本柱を回してレコーディングしていれば、〝ああ、やっぱり食事と運動は切り離せないものだったのね〟ということが分かるようになってくるでしょう。これをずっと続けていれば、「食べたら動く」という習慣が自然に身につくようになってくるはずです。

そして、そうやって「食べること」と「動くこと」のバランスを取り戻していくことが、「動き回れる期間」「食べられる期間」「生きられる期間」を延ばすことにつながっていくのではないでしょうか。

筋肉さえつけていれば、たくさん食べてもやせる体になる

「やせの大食い」という言葉がありますが、〝あんなにたくさん食べてるのに、よく太らずにいられるな〟という人をたまに見かけます。

みなさんは、そういう人たちがどうして食べても太らないのかの理由がお分かりですか？

答えは、筋肉がたくさんついているから。筋肉量が多ければ、基礎代謝が高くキープされます。基礎代謝が高いと、摂取したエネルギーがどんどん代謝に割り当てられて消費されていくことになります。だから、たくさん食べているにもかかわらず、そんなに太らないわけです。

〝なんて、うらやましい……わたしもそういう体質になりたい〟と思っている方もいらっしゃるかもしれません。

ただ、それは、筋肉をつけさえすれば実現可能なこと。筋肉量をアップして基礎代謝を引き上げれば、自然に消費エネルギーが増えて「食べても太りにくい体質」をつくっていくことができるのです。

「筋肉量レコーディング・メソッド」は、そういう体質をつくっていくためにうってつけのメソッドだと言えるでしょう。

3本柱のバランスをとりつつ、体内の状況を「脂肪が多い状態」から「筋肉が多い状態」へと変えていくわけですから、筋肉がついてくれれば基礎代謝は着実に上がってくるようになります。

きっと、長年にわたって続けていれば、〝そういえば、最近、食べてもあまり太らなくなってきた〟と感じるようになっていくのではないでしょうか。

それに、筋肉がついて基礎代謝が上がるということは、「それだけ多く食べられる体になる」ということ。このダイエット・メソッドを継続していけば、「**歳をとってもおいしいものをたくさん食べられる体**」をつくっていけるのではないでしょうか。

長寿を獲得してしまった日本人の宿命と向き合う

わたしたち日本人は〝幸か、不幸か〟80年も90年も生きる長寿を獲得してしまいました。

〝幸か、不幸か〟と申し上げたのは、必ずしも長生きすることが幸せにつながるとは限らないからです。

もし、10年も20年もの寝たきり期間を過ごすようなハメになったなら、その人はきっと〝こんなに長生きしなくてもよかったのに……〟と思うのではないでしょうか。むしろ、長生きしたことを不幸に感じることのほうが多いかもしれません。

しかし——

私は、この**「長生きして幸せになるか、長生きして不幸になるか」**は、**自分の力で変えていくことが可能だと思うのです。**

これまでも述べてきたように、寝たきりをもたらすいちばん大きな要因は、筋肉量の低下です。

でも、これは逆から言えば、筋肉量をキープしていれば、寝たきりにならずに済む可能性が大きいということ。そうすれば、長生きをしても日々元気で幸せな老後を送ることができる確率が高くなるわけです。

ですから、本書で紹介してきた「筋肉量レコーディング・メソッド」を多くの人に続けていただければ、生涯にわたって筋肉量が維持できるようになり、**80歳になっても90歳になっても活動的な人生を送れるような人がたくさん増えてくる**のではないかと思うのです。

いや、むしろこれからの日本人は、若いうちから筋肉をキープしていくことを「責務」にしていかなくてはならないのかもしれません。

だって、考えてもみてください。

いま、時代は、何をするにしても体を動かさずに済むような方向へと進んでいます。仕事の打ち合わせや連絡はもちろん、買い物も、友人とのやり取りも、みんなパソコンや携帯端末で済んでしまいますし、掃除や洗濯、洗い物などの家事もボタンひとつでできるようになってきています。

もう、1日ほとんど体を動かさずともすべての用事が済んでしまうようなもの。わたしたちは「**動かなくてもいい社会**」をつくってしまったわけです。

でも、こうしたラクな環境に甘えていたら、どんどん筋肉は衰えていってしまうでしょう。この先何も策を打たずにいれば、きっと、人々の寿命はどんどん延びて、人々の筋肉はどんどん弱って、日本中が寝たきり老人であふれるような状態になってしまうのではないでしょうか。

もっとも、だからといって、「便利でラクになったいまの社会を、昔のように不便な状態に戻す」というのは不可能でしょう。人間は一度蜜の味を知ってしまうと、それを簡単には手放せません。それに、せっかく進歩したテクノロジーをわざと使わないというのももったいない話です。

では、この国を寝たきり老人だらけにしないためにはどうすればいいのか。

私は、一人ひとりが筋肉を鍛えていくしかないと思うのです。

つまり、30代以降、加齢で筋肉が落ち始めてきたなら、一人ひとりが自分の将来をしっかり見据えて、寝たきり期間を少しでも短くするようなトレーニングを始めるようにしていけばいい。誰もが早いうちから筋トレをするのを責務のようにしていけばいいと思うのです。

もっと言えば、筋トレだけでなく、ウォーキングや食事の節制もがんばって、3本柱のトライアングルを回していくようにすればなおさらいいでしょう。そうすれば、寝たきりになる人は確実に減るでしょうし、多くの人が長生きしたことを素直によろこべるようになっていくのではないでしょうか。

ちょっと大げさな物言いではありますが、筋肉をつける習慣を取り入れるかどうかは、みなさんの将来の行く末だけでなく、この国の行く末のカギをも握っているのかもしれません。

みなさんは、どう思われますか？

とにかく、これからは、誰もが筋トレをするのが当たり前の時代にならなくてはなりません。「やせるため」「健康になるため」「若返るため」といった特定の目的で行なうのみならず、**自分の人生をお終いまでちゃんとまっとうするために、誰にとっても筋トレを行なう必要性が出てきている**のです。

さあ、みなさんも、80歳、90歳になったときに長生きしたことを幸せに感じるような人生を送りたいのであれば、やるべきことは決まっています。

1日1日コツコツと筋肉をつけて、これからの人生をよりよい方向へシフトしていくようにしましょう。

「健康」の歯車を回せば、「美容」と「若さ」の歯車もいっしょに回る

さて——

この本では、ここまで「筋肉量」というファクターを窓口にしながら、従来のダイエットの危険性を指摘してきました。なおかつ、健康にやせるにはどうすればいいかという問題をクリアするために「筋肉量レコーディング・メソッド」という新しいメソッドを提示してきました。

みなさん、いかがでしたか。

きっと、「これまでのダイエットがいかに間違ったものだったかが分かった」という方も多いことでしょう。また、「筋肉がいかに重要であるかが分かった」という方もいらっしゃるでしょうし、「早速、『筋肉量レコーディング・メソッド』にチャレンジしてみたい」という方もいらっしゃることでしょう。

筋肉は、衰えゆく流れに抗う器官です。

年齢を重ねれば、誰でも衰えを感じるようになります。白髪が増えてきたり、老眼になってきたりといった老化現象が進むのは、基本的に逆らえないものと思っている方も多いかもしれません。

でも、筋肉だけは別なのです。筋肉は鍛えれば鍛えただけ量を増して、わたしたちに「衰えゆく流れに逆らう力」をもたらしてくれます。

しかも、70歳になろうとも、80歳、90歳になろうとも、鍛えればちゃんと増えてくれる。体の中で筋肉だけが老化の流れに逆らっているのです。

そして、この「衰えゆく流れに逆らう力」は非常に強力です。筋肉量を増やしたりキープしたりしていれば、年々下り坂になってきていた多くのことが調子を取り戻すようになっていきます。

体の動き、健康、体力、美しさ……これまでも述べてきましたが、それこそ、体も心も、すべてのエネルギーが若々しくよみがえっていくと言っていいのではないでしょうか。

人間は動くことによって食糧を獲得し、動くことによって生命をつないできた生き物であると述べました。

もしかすると、筋肉を動かしてさかんに体を動かすと、それを合図に体のいろいろな部分が「衰えゆく流れに逆らう力」を発揮し始めるようになっているのかもしれません。人間の体は、「筋肉を動かす」というスイッチを入れると、健康も、運動機能も、美容も、アンチエイジングも、いい方向へ動き出すようにできているのではないでしょうか。

そう考えると、筋肉は「体を動かす器官」であるのはもちろん、**「健康を動かす器官」でもあり「美容を動かす器官」「若さを動かす器官」**でもあるのかもしれません。筋肉をちゃんと動かすと、歯車がきっちりかみ合ったかのように、すべてが一斉にいい方向へ回り出すわけです。

いつまでも幸せでアクティブな人生を築いていくために

また、私は、**筋肉を動かすと、人生も動き出すと思っています。**

だって、筋肉がついて「衰えゆく流れに逆らう力」がついてくれれば、体がよく動くようになって行動範囲が広がったり、気力体力が充実していろんな活動をがんばるようになったり、若く美しくなって新たな出会いが生まれたりと、いろんなことが変わってくることが予想できますよね。そうなればその人の人生も必然的によりよい方向へ変わっていくことになるはずです。現に、私が主宰する運動教室では、そういうふうに筋トレなどの運動習慣をきっかけにして人生をステップアップしていった方々がたくさんいらっしゃいます。

筋肉の力をちゃんと引き出していけば、わたしたちはもっと変われるし、もっと人生を変えていける。自分の人生を自力でよりよい方向へシフトしていくことができるのではないでしょうか。

こうした筋肉の力を最大限に引き出してくれるのが、本書で紹介してきた「筋肉量レコーディング・メソッド」なのです。

これまでにも、ただ「やせるためのメソッド」「筋肉をつけるためのメソッド」「健康になるためのメソッド」はいろいろとありましたが、これらをトータルに結びつけて「筋肉の力を引き出して健康にやせていくメソッド」として体系化したのは、たぶん初めてのことでしょう。ダイエットに関してはさんざん語りつくされてきたかのようにも見えますが、じつはかなり新しい発想で成り立っているメソッドと言えるのではないかと思います。

ともあれ——

みなさん、この「筋肉量レコーディング・メソッド」であれば、筋肉のすばらしい力を十分に引き出しながらやせていくことができるのです。ずっと継続していけば、**いつまでも若々しく、いつまでも健康で美しく、いつまでも充実した人生を過ごしていくことだって可能なのです。**

私は、こうした力を引き出さないのは、大きなソンだと思います。

繰り返しますが、筋肉はわたしたちにとって「かけがえのない財産」です。ぜひみなさん、この財産をしっかりキープして、筋肉のすばらしい力をめいいっぱい引き出していくようにしてください。日々のレコーディングで財産をしっかり管理して、これからの自分、これからの自分の人生にその力を役立てていくようにしてください。

そして、未来を明るいものにしていきましょう。

筋肉を動かし、体を動かし、人生を動かして、自分の未来をよりよい方向へと動かしていこうではありませんか。

寝たきり老人になりたくないなら ダイエットはおやめなさい

「筋肉減らし」が老いの原因だった

2015年 8 月8日　第1刷発行

著　者　　久野譜也

発行者　　土井尚道
発行所　　株式会社 飛鳥新社
〒101-0003
東京都千代田区一ツ橋 2-4-3 光文恒産ビル
電話（営業）03-3263-7770（編集）03-3263-7773
http://asukashinsha.co.jp

編集協力　　高橋明
ブックデザイン　　小口翔平＋喜來詩織（tobufune）
イラスト　　オガワナホ

印刷・製本　　中央精版印刷株式会社

ISBN 978-4-86410-420-3

編集担当　矢島和郎／花島絵里奈